U0472123

投资大师
经典译丛

像杰西·利维摩尔一样交易

理查德·斯密腾（Richard Smitten）◎著
王煦逸◎译

上海财经大学出版社
WILEY

图书在版编目(CIP)数据

像杰西·利维摩尔一样交易/(美)斯密腾(Smitten,R.)著;王煦逸译.
—上海:上海财经大学出版社,2016.7
(投资大师·经典译丛)
书名原文:Trade like Jesse Livermore
ISBN 978-7-5642-2418-9/F·2418

Ⅰ.①像… Ⅱ.①斯… ②王… Ⅲ.①股票交易-基本知识 Ⅳ.①F830.91

中国版本图书馆 CIP 数据核字(2016)第 071197 号

□ 责任编辑　李成军
□ 封面设计　张克瑶

XIANG JIEXI LIWEIMOER YIYANG JIAOYI
像杰西·利维摩尔一样交易

理查德·斯密腾　著
(Richard Smitten)
王煦逸　译

上海财经大学出版社出版发行
(上海市武东路 321 号乙　邮编 200434)
网　　址:http://www.sufep.com
电子邮箱:webmaster @ sufep.com
全国新华书店经销
上海华教印务有限公司印刷装订
2016 年 7 月第 1 版　2016 年 7 月第 1 次印刷

710mm×960mm　1/16　13.75 印张(插页:1)　227 千字
印数:0 001—4 000　定价:45.00 元
(本书含光盘一张)

图字:09-2010-471 号

Trade Like Jesse Livermore

Richard Smitten

Copyright © 2005 by Richard Smitten

All Rights Reserved. This translation published under license.

No part of this publication may be reproduced, stored in a retrieval system or transmitted in any form or by any means, electronic, mechanical, photocopying, recording, scanning or otherwise, except as permitted under Sections 107 or 108 of the 1976 United States copyright Act, without the prior written permission of the Publisher.

CHINESE SIMPLIFIED language edition published by SHANGHAI UNIVERSITY OF FINANCE AND ECONOMICS PRESS, Copyright © 2016.

2016年中文版专有出版权属上海财经大学出版社

版权所有　翻版必究

译者序

股票市场在 2016 年又进入了调整期，如何在股票市场赚钱是一个永恒的话题，特别是在股票市场处于熊市的时候。在金融市场开放之初，上海的杨百万通过国债套利，成为首个通过证券交易而发家的百万富翁，其后各路英雄相继登台，但是股市不倒翁还是很难找到。当前关于股市交易的书籍多如牛毛，但是真正具有本身特色，并能够给读者提供操作方法的并不是很多。

译者选取了理查德·斯密腾所著的《像杰西·利维摩尔一样交易》一书，把它翻译成中文介绍给中国读者。杰西·利维摩尔是美国股市中的传奇人物，他虽然去世 70 多年了，但是他创造的熊市盈利纪录仍然是一个别人无法超越的奇迹。本书全面介绍了他的股票交易理念和方法，为读者提供了他交易的精髓，特别是他顺其自然的交易思想，一定能够给现代的股票交易者提供有益的思路和方法。

本书的翻译得到了蒂森克虏伯电梯中国有限公司财务经理史雯婷硕士和我的学生周寒晓硕士、龙晓霜硕士和谭薇硕士的大力支持，没有她们的努力，本书是无法顺利面世的，在此对她们的工作表示衷心的感谢。

王煦逸

2016 年 1 月于同济大学中德学院

前 言

《像杰西·利维摩尔一样交易》解释了利维摩尔45年交易生涯总结而成的整套交易体系，书中深入分析了利维摩尔交易体系的各个技术层面，包括时机把握、资金管理和情绪控制。正是这些细节和秘密造就了利维摩尔在华尔街无法被超越的神话。

本书的内容来自两年多的深入研究和对利维摩尔后人的当面采访。2001年，我完成了唯一一部完整的利维摩尔传记:《杰西·利维摩尔——世界上最伟大的股票作手》(*Jesse Livermore—World's Greatest Stock Trader*)，这本书中记录了这位著名的股票作手的一生，涵盖了他从1891年离家出走到1940年饮弹自尽的方方面面。

为了写这本书，我采访了利维摩尔的儿子保罗·利维摩尔(Paul Livermore)，在这之前他从来没有和任何人提过他的父亲，他提供了分析他父亲交易方法的一些独特视角。采访的时候他77岁，之后不久他就去世了。

我也采访了利维摩尔的儿媳帕切西亚·利维摩尔(Patricia Livermore)，她不仅讲述了她公公生前的一些轶事，还提供了关于利维摩尔交易前准备工作的信息。

利维摩尔曾经四次在股票市场上大发其财。在1907年的股市大崩盘中成功捕捉到了市场信息，一天内赚到了300万美元；在1929年的大萧条中，他赚了1亿美元。

利维摩尔的交易方法表明他不是一位基本面分析者,他是真正的技术派。他认为股票走势图无非是种种人性(如贪婪、恐惧、无知和希望)的反映。利维摩尔懂得如何识别这些信息并从中获利匪浅,他说过:"华尔街永远不会变,因为人性永远不变。"

通过交易和观察,杰西·利维摩尔发现股票和股票市场以相同的形态作周期运动,于是他就利用数学公式总结出一套操作方法,使他在交易中能准确辨别出未来的走势。在长达45年的交易生涯中,他总结出来的经验使他成为华尔街历史上最著名的交易者之一,直到现在他仍被许多专业人士奉为最伟大的股票作手。

利维摩尔的工作地点在第五大道780号的一幢隐秘的大楼内。他曾经写道:"1923年10月5日那天,为了实践我那套新的交易理论和技巧,我把工作地点搬到第五大道,并且很细致地设计了办公室。我希望能够远离华尔街的嘈杂,远离各种建议,我还借此不让外人知晓我的交易方法。有时候,我会雇用五十几个经纪人,这样就没有人知道我的手法了。"

正是在这些办公室里,利维摩尔依赖当时的技术工具来运用其交易技巧,这些技术工具包括与纽约证券交易所、芝加哥、伦敦和巴黎证券交易所直通的电话线,以及大量的行情显示系统。他利用其交易系统准确预测出价格变动,从而一次次验证了其交易系统的准确性。

1923年,利维摩尔以拉瑞·李文斯顿(Larry Livingston)的笔名出版了畅销书《股票作手回忆录》,在这本书里他描述了自己的成功交易,例如在1907年的股市大崩盘之际一天之内赚到300万美元的传奇,但是他没有解释他是怎么做到的。

而本书介绍了利维摩尔的交易方法、技巧和技术准则,详尽地揭示了利维摩尔的整个交易系统,所有这些都可以运用到今天的技术背景中:互联网、个人电脑等。

本书介绍了利维摩尔交易系统的多个技术层面,包括识别转折点并从中获利、识别连续转折点、识别单日和三日反转信号与从中获利、在交易前分析和掌握行业动向、按部就班的交易技巧、股票成交量的重要性、股票达到新高点对于交易者意味着什么、只投资行业中的龙头股、利维摩尔交易体系中的一个重要因素——时机,以及利维摩尔的全套资金管理体系。

利维摩尔交易体系既适用于长期投资者,又适用于短期投资者。正如一名运动员比赛之前的准备一样,利维摩尔把交易之前的心理和身体上的准备看得十分重要,这些准备的技巧将在本书中一一展现。

利维摩尔交易系统
——本书的结构

利维摩尔交易系统有三项关键的内容：时机、资金管理体系和情绪控制。

时机——何时出手

第四章将深入分析利维摩尔为确定交易时机而使用的技术工具，包括图表研究和转折点研究，以及如何确定连续转折点和单日反转形态，同时，该章还解释了成交量指标的重要性，对股票突破新高点的情况详细地做了案例分析。所有这些对于理解利维摩尔的交易系统都是必不可少的内容。

资金管理体系

这一体系告诉交易者何时应该出手、何时又该收手。利维摩尔资金管理的以下五大法则将在第五章详细展开。

1. 利用试探机制进行交易。
2. 永远不要让投资损失超过10%。

3. 永远持有现金储备。
4. 不要只是因为有盈利而卖出股票；无论是买入还是卖出股票都需要一个理由。
5. 将意外收入的半数存入银行。

情绪控制

第六章将探讨如何控制情绪以及如何遵循利维摩尔交易体系。利维摩尔相信，情绪控制或许是交易者最难驾驭的，一名成功的交易者通常要经历激烈的内心挣扎才会遵循自己定下的规矩。利维摩尔的情绪控制法则总结如下，本书将在其后各章节中做详细介绍。

1. 从错误中学习：记录笔记并分析每一次交易。
2. 准备工作：利维摩尔有一套日常交易方式，几乎可以算作一种交易仪式。
3. 特殊的办公室规定：订立严格的规矩，例如开盘后禁止交谈。
4. 超脱于媒体消息：切勿完全相信媒体，要揣测背后隐含的信息。
5. 及时止损/控制情绪：交易者必须不断学习，并练习情绪控制。
6. 让盈利股自行运转：千万不要舍弃盈利股。
7. 遵循你自己订立的规矩。
8. 要当心他人在股票交易方面的建议：在任何情况下都不要听信这些建议。

利维摩尔认为，情绪控制是每位交易者面临的最大挑战，通常也是成功交易的关键，这一见解或许是他在股票交易方面得出的最重要的结论。他甚至去参加大学的心理学课程，来更好地把握人性。无法控制情绪，被利维摩尔认为是交易中最大的障碍。他对他的两个儿子说："只有当我不遵守自己的规矩时，我才会输钱。"

本书强调了遵循交易规则时自律的重要性，解释了利维摩尔如何交易，以及读者如何运用这套方法。

本书的每一章都涉及利维摩尔的一条或多条交易理论、方法及技巧，在一些情况下，还结合了当前最先进的交易技术对这些理论和方法进行改进，本书还包含了大量图表，可以说是为渴望成为交易高手的人们量身定制的一本书。

目录
CONTENTS

译者序/1

前言/1

利维摩尔交易系统——本书的结构/1

第一章　认识杰西·利维摩尔/1

第二章　时机是一切/11

第三章　利维摩尔在股票交易中的新发现/27

第四章　利维摩尔形态识别时机的关键——转折点交易/45

第五章　完善资金管理/73

第六章　情绪控制/93

第七章　利维摩尔如何规划他的一天/111

第八章　利维摩尔的基本观点/123

第九章　利维摩尔名言——交易真理/139

第十章　利维摩尔交易规则总结/153

第十一章　利维摩尔市场要诀/165

致谢/207

—— 第一章 ——

认识杰西·利维摩尔

第一章　认识杰西·利维摩尔

杰西·利维摩尔可能是有史以来最出色的股票交易者，他曾是华尔街的一个传奇，拥有各种绰号："拼命三郎"、"华尔街之狼"和"华尔街之熊"等，他曾与沃伦·巴菲特齐名，但事实上他们的股票交易技巧完全不同。

他是一个安静且守口如瓶的人，一般不轻易透露自己的见解。曾经因为听取了那些他认为比他聪明的人的建议而蒙受巨大损失，于是他关闭了位于华尔街附近百老汇111号的事务所，并在第五大道780号的赫克歇尔大厦重新建立了一个规模更大的事务所。在一次欧洲之行中，他在英国发现了一座拥有一个大型镶木图书馆的庄园，于是，他买下了这个图书馆，包括它里面的所有藏书、镶木和家具，然后，他将整座图书馆从英国搬到了纽约。

整座图书馆戒备森严，它占据了大厦的整个顶层，利维摩尔在里面有一部私人电梯。当来访者从电梯里出来时，展现在他面前的是一扇巨型的金属门，这扇门通向一个小型接待室，而利维摩尔的保镖——哈利·达赫(Harry Dache)——就等在那里。达赫是商船海员出身，身高6.6英尺，是利维摩尔的保镖、知己以及他两个儿子生活起居及语言学习方面的家庭教师。过了哈利这一关，来访者将进入一间像宫殿一样宏伟的办公室，在其中一个宽敞的房间内，有6名安静工作的员工。他们面前放着一块黑板，上面张贴着最新的股价，一旦开盘，工作人员就不许再交头接耳。利维摩尔要求周围非常安静，这样他才能将注意力完全集中在他所感兴趣的股市上，关注与之有关的信息。开盘之后，行情显示系统(电传机)将不停地运作，相关人员将当前股价贴在黑板上，并通过直线电话与不同的交易所建立联系。在他的一生中，利维摩尔一直都将自己看作股票交易市场中的一名学习者，他热爱他的这项事业。

利维摩尔于1877年7月26日生于马萨诸塞州的舒兹伯利(Shrewsbury)，他的父母是新英格兰农场主，他们辛辛苦苦地在布满岩石的土地上种田谋生。在青少年时期，利维摩尔非常瘦小，而且病快快的，所以他把大部分时间花在阅读上。那时的他有点孤僻，但是反应很快，极具想象力，并且天生对数字非常敏感。

之后，他渐渐觉得，他童年时期的梦想以及他读到的那些冒险故事不可能在新英格兰的这片不毛之地上得以实现。在他14岁那年,他父亲便要求他留在家里种田干活,不让他继续上学了。而父亲的这种做法更坚定了利维摩尔的信念:他若想要成功,就必须依靠他的大脑,而不是他的身体。很快,利维摩尔便和母亲一起密谋了一个逃亡计划,他母亲答应给他5美元。在之后的一个下午,他从他们家的农舍逃到了通往波士顿的主干道上,随后叫了一辆马车,驶进了城。说来也巧,马车正好停在了佩恩·韦伯(Pain Webber)经纪人事务所前面,于是利维摩尔便走了进去。

对利维摩尔来说,这便是所谓的一见钟情,他被经纪人的办公室、美好的城市生活、等待他的冒险以及无拘无束的青春和自由深深地吸引住了。而当时,佩恩·韦伯正好需要一个在黑板上张贴股价的帮手,于是,利维摩尔接受了这份工作。这是命运向他抛出的一根橄榄枝,而利维摩尔则刚好接住了它。他无疑是幸运的,在离开家后的几个小时内便找到了这份工作,并且用他微薄的工资租了一间房,在未满15岁的情况下,他便开始了独立生活。

当人们从滴滴答答响个不停的行情显示系统上的纸条上读出报价时,利维摩尔的数学头脑便立即开始运作。很快,利维摩尔便想要尝试,先于那些看行情显示系统的人报出股票价格。由于他那飞速运转的大脑以及他的专注力,他真的做到了在人们喊出报价之前,便将这些数字准确无误地写在了黑板上,利维摩尔觉得这种挑战让他激情四射。

事实上,利维摩尔在写下这些数字的同时,也在对它们做进一步的分析。很快,他便注意到了某些重复出现的形态以及周期趋势。于是,他准备了一本小本子,一有空闲,便将这些数字记录下来,看是否能找出这些反复出现的规律。

同时,利维摩尔对于看盘人的反应也非常敏感。一旦股价有所变化,他们的心情就会随之上下浮动。如果股票的量能增加,他们便会变得兴奋,利维摩尔甚至好像能感受到他们的心跳正在加速。当投资者们买入的股票价格上涨时,他们的眼睛里似乎都放出了光芒。很快,利维摩尔就悟出了这样一个道理:一旦人们看到了赚钱的机会,他们的心情就会随之发生变化。一旦股价上涨,空气中便会弥漫着一种愉悦的气氛。但是,当股价下跌时,这种愉悦的气氛便会立刻消失殆尽,人们会立刻变得安静、阴沉,甚至沮丧和失望。

渐渐地,利维摩尔意识到,人们的这种情绪变化可以归因于他们的贪婪和恐惧,他认为,这是决定股票交易市场行为的两种主要情绪因素。在此期间,利维摩尔还观察到,这些人是如何进行交谈、如何提高自己的士气和如何宽慰自己的。但同时，他也注意到，通常这些人的反应都是错误的。

一天，利维摩尔所在办公室的主任对他说了如下这样一段话："孩子，听听这些人是怎样相互交谈的，看看他们是如何找出一大堆东西来解释这令人难以捉摸的股价走势的，再看看他们有多少时候都是错的。好吧，在这里，我要跟你说一些可能会对你有用的东西：其实，这些人互相谈论了什么并不重要，关键还是要看那该死的行情显示系统上的纸条。"起初，利维摩尔并没有理解这段话的真正含义。但突然有一天，他的脑海中浮现出了这样一段话："不要去想事情为什么会这样发生，只要关注实际发生了什么就可以了，背后的原因总有一天会浮出水面，而到那时再想赚钱就太晚了，因为机会已经错过了！"

利维摩尔是一个长相体面并且容易相处的小伙子，有着两排洁白的牙齿，很爱笑，并且举止冷静。他一直希望自己能长到6英尺高，所以，他生前一共买了30双增高鞋，以弥补他的缺憾。他总是能千方百计地获得他想要的东西，这便是他的生活模式。

渐渐地，利维摩尔觉得他现在所学的东西远比在大学里能够学到的多。他所受的是关于股票交易的专业化教育，在此期间，他在他的日记中对股市做了一系列的评论，而正是这些日记让他日后成为百万富翁。但事实上，他从来都不被金钱所奴役，他的动机更多的是来源于他的好奇心、他的聪明才智，以及他想要成为有史以来最出色股票交易者的强烈愿望。他知道，总有一天他会拥有大量财富，这将是对他辛勤付出的回报。在那个阶段，利维摩尔有了以下两点发现：

1. 大部分交易者和投资者在一般情况下都会蒙受损失。
2. 大部分交易者对股票交易没有合理和一贯的计划。

事实上，他们不是在交易，而是在赌博。因为他们完全采纳别人的建议，不管这些建议是来自所谓的专家、朋友还是内部人士，他们都一律照单全收。他们只会跟着预测走，只会随波逐流。

换句话说，在利维摩尔看来，这些人的股票交易行为完全是随机的。但事实上，这是非常危险且致命的，这在今天的股市环境下也是如此。

经过深思熟虑，利维摩尔决定要将他的一生致力于开发属于他的股票交易方法和策略，以及关于如何选择股票的系统方法，但所有这一切都是悄悄进行的，他的研究只限于他本人使用。在追求知识的道路上，他永不知足。当时，经纪人事务所里有一个客户是教授。一天，这个人给了利维摩尔一本书，上面是一些物理定律，他对利维摩尔说，也许你可以把这本书上的一些内容运用到股市中去。

事实也是如此，并且这位教授已经将这部分有用的内容标示了出来：运动着的物体趋向于保持原有的运动轨迹，除非有外力或障碍物使它停止或改变了运动轨迹。对于这句话，利维摩尔一开始冥思苦想了很久，最后，他终于认识到，其实在股市中，外来力量也是影响股价上涨或下跌的关键。

在此期间，利维摩尔依旧悄悄地记着他的股票交易日记。他天生就是一个守口如瓶且安静的人，他并不渴望与他人分享他的想法，他的一生似乎都是这样过来的。在利维摩尔看来，无所事事的闲谈只是浪费时间，真正重要的是实际行动，在股票交易市场中也是如此：只关注股市的实际反应，因为在股市中，每一分钟都是动态和真实的，股票市场是纯粹的，其交易规则也是如此。

有一天，利维摩尔的老板发现他正在写他的秘密日记。"喂，孩子！你在你的脑袋里进行虚拟的股票交易吗？这没用，完全是浪费时间。在股票交易的游戏中，你必须真正地把钱投进去，这样，你会觉得好像所有的事情都变了，因为这时你的情绪处于控制地位。千万不要把你的时间浪费在这种虚假的东西上。"

利维摩尔发现他的老板是对的。一旦把钱投了进去，所有的事就发生了变化，甚至连他的生理也随之发生了变化，他的血压会上升，额头会冒汗，他能感觉到他的心跳加快。在这一过程中，股票交易已不知不觉成了他脑海中最重要的事情。是的，他的老板完全正确，但利维摩尔喜欢这种心跳加速的感觉，对他来说，这非常好玩。

到他15岁那年，也就是进佩恩·韦伯工作6个月后，他做了他人生中的第一笔股票交易。当时在股票交易所工作的另一个小伙子来找他，并建议一起去街对面的投机商号碰碰运气。利维摩尔答应了，因为对于日记中所记载的股市中反复出现的形态，他有一定的信心。而且在他的大脑中已经形成了一套股票交易的方法、理论，并且这些理论已经在纸上得到了验证。所以他觉得，是时候来一场真正的股票交易了。

投机商号的规矩是，股票交易的损失率最多是10%。比起经纪人事务所，那儿的氛围更像是一个非正式的赌场。一旦出现交易，行情显示系统就会传输相关的信息，对应的价格会被记录在黑板上。交易规则很简单：选一只股票，用现金支付股价的10%，这样就等于下了赌注,然后你会获得一张打印的收据。接下来,你只要静观股市的变化就可以了。一旦股价跌幅到了10%,商号就会拿走你之前付的钱。相反,如果股价上涨了,那么你就可以随意抛售你的股票。因为通常获利的总是投机商号,所以在投机商号里进行的股票交易就好比是一场博傻游戏,而那些客户就是这里的傻瓜。

就这样,投机商号赚到了钱,但他们从来不会再用这笔钱去购买股票。各只股票的购买情况被商号一一记录在案,就像现在许多赛马者会记录下各匹马的投注情况一样。决定试一试的利维摩尔和他朋友一起勉强拼凑了10美元,买进了钢铁股。根据日记中的计算,利维摩尔认为钢铁业有很好的投资机会,很快,钢铁股果然涨了。随即,他们便抛出了股票。利维摩尔也因此和他的朋友在10美元的交易中净赚了3美元。利维摩尔对此完全着迷了,他在几秒之内就赚了3美元,而在他原来的岗位上,这通常是他一个星期才能赚到的钱。

不久,利维摩尔便辞掉了他原来的工作,开始混迹于投机商号。在一年内,他净赚了1 000多美元。他得意扬扬地回到了他父母那里,并将之前母亲给他的5美元还给了她,作为礼物,又额外赠予母亲300美元。利维摩尔这一次的衣锦还乡,使他父亲意识到,他们年仅16岁的儿子已经成了一名成功的股票交易者。虽然惊愕万分,但他还是接受了利维摩尔给他的钱。之后,利维摩尔又回到了波士顿,继续他的股票交易。和之前一样,利维摩尔继续仔细地记录他所有的交易,研究这些交易时的股票形态,并不断尝试改进他的投资方法。但由于他赢钱太多,慢慢地,美国所有的投机商号都将他拒之门外。

在被投机商号拒绝之后,那时才20岁的利维摩尔就这样怀揣着2 500美元到了纽约。在这之前,他的资产曾一度达到1万美元,同其他人一样,他也曾经历过逆转。但是在他的一生中,他始终秉承着一个非常简单的人生哲学,那就是:从错误中吸取教训。成功的秘诀是不再犯同样的错误,这对利维摩尔来说意味着,他必须先明白自己所犯的错误,找到投资失利的原因,然后争取不再犯相同的错误。

利维摩尔把他在投机商号买卖股票的经历看作学习期,就好像在大学里接受教育一样。在此期间,他已经制定了他早期的一些交易准则,但他是否真的能有效地遵循它们呢?

在利维摩尔的秘密日记中,记录的第一条股票交易准则是:

"基本准则——在交易之前,争取尽可能多的有利因素"。利维摩尔认为,当所有的外在因素都对他有利时,他就能在交易中取得成功。此外,他还总结出,他能考虑到的外在因素越多,他能获得成功的概率就越大。

第二条准则是:"没有一个投资者能够时刻玩转市场。在某些时候,应该懂得适时地从股市中抽身出来,看管好自己的资金,耐心地等待下一个合适的交易时机。"

于是,带着这2 500美元以及在投机商号中积累的经验,利维摩尔开始在华尔街大展身手。在那里,他同 E.F.哈顿(E.F.Hutton)成了好朋友,并在他的经纪人事务所开了一个账户。之后,利维摩尔便开始了他在华尔街的股票交易生涯,但很快他便破产了,这之后,他试图找出导致他失败的原因。于是,他向他的良师益友哈顿求助。

从理查德·斯密腾(John Wiley & Sons, 2001)所著的《杰西·利维摩尔——世界上最伟大的股票作手》一书中的摘录:

"朋友,我现在还无法征服华尔街,我想回到投机商号去,但我现在急需一笔资金,总有一天我会再回来的。"

"我不明白,"哈顿说,"你可以在投机商号那边获得成功,为何会在华尔街这里失利呢?这究竟是为什么?"

"首先,在投机商号那边,买进或卖出股票与行情显示系统是同时进行的。但在你这里,却不是这样。如果我想在股价为105时买进股票,那么通常我的交易要在股价持续涨到107或108时才能真正实现。这样我就得不到什么利润,我的大部分交易也因此而失败了。但在投机商号那里,根据行情显示系统,我的交易会立即在股价为105的时候得以实现。在卖空时,情况也是如此,特别是对于那些交易非常频繁的活跃股。在投机商号那边,如果我在股价为110的时候抛出股票,那么交易会立即在这一价格水平上得以实现。但在这里,可能得等到股价跌到108时,我才能顺利抛出。所以无论涨跌,我都会失利。"

"但我们这里给你提供比投机商号更高的保证金啊!"哈顿说。

"朋友,这一点对我来说是更为致命的。由于这更高的保证金,使我往往将一只已经发生了亏损的股票持有了更长的时间。但在投机商号那边,一旦跌幅过了10%,我就必须抽身出来了。关键是,想要股票上涨的时候它却下跌了。对我这样的交易者来说,持有的时间越长越不利,因为我总是在打赌股价会再次上涨。也许10%的损失我还可以承受,但25%对我来说就太多了——为了让我输掉的钱重新回到我的口袋里,我必须得有更多的资本才行。"

"所以,你的意思是说,在投机商号那里,你最多只会蒙受10%的损失。因为之后,你将自动出局。"

"是的。而且这也是我所希望的——在任何一只股票上,我最多只愿损失10%,"利维摩尔说,"现在,你能借给我钱了吗?"

"我还有一个问题,"哈顿笑着说。他喜欢眼前的这个男孩——他是一名值得认可的人才。"为什么你认为你还会再回到这里,而且下次你会在这里取得成功呢?"

"因为那时我会有一套全新的交易体系,这是我所受教育的一部分。"

"杰西,你当初来的时候带了多少钱?"

"2 500美元。"

"但现在你离开的时候却背着1 000美元的债。"哈顿说着,将手伸向了他的钱包,拿出1 000美元的现金,交给了利维摩尔。"我想,如果你带着3 500美元,应该可以上哈佛了吧!"

"比起哈佛,我在这里学到的知识能帮我赚到更多的钱。"利维摩尔笑着说,并接过了哈顿的钱。

"杰西,无论如何,我相信你!"

"我会将这笔钱还回来的。"利维摩尔说着,将钱放进了口袋。

"我知道你会的。但记住,等你回来之后,一定还要在我这里做股票交易——我们很愿意与你合作。"

"好的,先生。我会的。"利维摩尔说。

哈顿看着他离开。他毫不怀疑自己会与利维摩尔再次见面。

在杰西·利维摩尔的一生中,他不断地赚钱、亏钱。他的生活过得非常富裕,拥有几座豪华公寓,配备有全套的工作人员,包括专用理发师,他还有一艘私人游艇,他和他夫人的座驾都是劳斯莱斯,他甚至还有私人轨道车,能载他去芝加哥和粮食期货交易所的交割库,然而他从不出现在任何交易所的交易大厅内。

在他的一生中,利维摩尔共经历了四次破产。但每次,只要他在经济上缓过神来,他都会一分不差地还清所有的债务。虽然利维摩尔在股市交易方面有着诸多的技巧,并因此过上了无比优越的生活。但这没能阻止悲剧在他身上发生,这一切以他1940年在纽约雪莉·荷兰酒店(Sherry Netherlands Hotel)的自杀悲剧收场。

不管是之前还是现在,在很多华尔街的投资者看来,杰西·利维摩尔都是有史以来最伟大的股票作手。但这位史上最伟大的投资家却深谙,幸福并不是唾手可得的,它与财富也没有任何关系。

―――― 第二章 ――――

时机是一切

第二章　时机是一切

在房地产业中有这样一句话:地段是一切,而在股票交易中,时机则是一切。为了保证对时机掌握的准确无误性,杰西·利维摩尔总会在交易之前,确保交易所需的各项条件都满足。他发现,在很多情况下,对抛售股票的时机选择与买进股票同样重要,有时,抛售股票甚至是一个更难的抉择。

大概所有的股票交易者都会跟你说,买进股票比卖出股票来得容易——买进股票才是最有趣的部分。因为当人们买进股票时,他们都是充满希望的,也许还带有一点贪婪,所以,当他们决定要买进时,通常都会有一种兴高采烈、亢奋的情绪,这就与买了一辆车、一套房或一艘游艇的感觉差不多。这些情绪全都是由希望和贪婪所造成的,一旦蒙受损失,这些情绪最后都会转变成恐惧,所以,股票交易者必须要经历一场持久的情绪战斗。

在这一过程中,选择何时抛售股票就变得尤为重要。利维摩尔交易体系中关于资金管理的第二部分就是在论述这一问题,即使股票走势良好,上涨了几个点位,交易者还是得决定什么时候抛售股票:是现在就抛,赚点小钱,还是宁愿再等等呢?

就像他其他的交易策略一样,利维摩尔在这一问题上的逻辑也很简单明了:无论是买进还是卖出,你必须要有足够充分的理由。利维摩尔在买进股票后,通常都会等到有明确的信号出现时,才将其抛售,这正是利维摩尔能够取得成功的部分原因。本书将详细地介绍买进股票的信号什么时候出现、卖出股票的信号又是在什么时候出现,即使对于那些非常精明的交易者来说,这些知识也是非常有用的。

你买进和卖出股票的时机不能受到高股价的影响,股价上涨从来都不是抛售股票的信号,因为抛售股票时的价格高,并不意味着股票已经没有了继续上涨的空间。当然,利维摩尔也不会因为某只股票的价格下跌了而买进它。如果股票的发展趋势告诉他,他应该做短线,那么他就会做短线,谁也不能保证,一只已经下跌的股票不会继续下跌。利维摩尔说:"我从来都不会买进一只正在下跌的股票,也不会抛售一只正在上涨的股票。"

当股票再次上涨时,买进;而当股票不断下跌时,卖出——在利维摩尔的时代,这是与通行做法背道而驰的。他完全让市场来告诉他,下一步该怎么做;并从市场提供给他的信息中获得线索和提示。他不做任何预测，而是跟着那行情显示系统的纸条走。事实上确实有一些股票会在很长的时间内不断地上涨或下跌，因此可以持有很长时间。

利维摩尔被看成一个野心十足的投机者，就像一个下了大赌注的赌徒一样，这种看法其实和事实相去甚远。事实上，在交易中利维摩尔比任何人都来得保守，他的股票投资体系是一个拥有严格准则的整齐划一体系。简单地说，就是要使尽可能多的外在因素对投资者有利，换言之，在所有因素都对你有利之前，不要轻举妄动。

利维摩尔的诀窍是：在最佳的交易时机出现之前，一定要有足够的定力忍住不交易。事实上，股票投资就像有轨电车一样，我们要坚信，下一辆终究会来的——比起上错车，不如错过一辆车，因为它可能是驶向财务地狱的那一辆。

将这一点牢记在心后，在他的时机选择体系中，利维摩尔所做的第一件事就是分析股市的总体发展趋势。需要强调的是，在这一过程中，利维摩尔并不在意市场具体呈现的是哪种趋势。对利维摩尔来说，无论是上涨还是下跌，无论是长线还是短线，他总能看到潜在的投资机会。他总是按照股票的实际发展趋势来规划他的投资交易，从来不去违背它。这听上去可能非常简单，但你要知道，前几年有多少精明老练的共同基金信托公司和投资公司在原本应该退出市场或卖出股票的时候，选择了买进股票！

图2.1～图2.3描述了2001～2004年股票市场所经历的一场大幅度的下挫。早在"9·11"事件发生之前，股市就已经处于低迷状态，而那天之后，股价迅速跌入谷底。在这种局势下，投资者们赚钱的唯一方法就是进行卖空。但可惜，多数共同基金通常不允许进行卖空，在这种情况下，这些基金便被剥夺了盈利的可能性。

很少有人理解股价下跌时的市场机会。在利维摩尔那个时代，很少有人会在那些下跌的股票上投资，这在今天也是一样。但事实上，股价下跌时，你可以通过卖空股票来赚钱，但只有不到4%的投资者真正进行过卖空交易。利维摩尔就是那4%的其中之一，这也是为什么他会那么成功的原因之一吧！利维摩尔曾得出过这样的结论：他认为，股市在1/3的时间里是上涨的，在1/3的时间里阴晴不定，而在另外1/3的时间里则是下跌的。因此，如果投资者在预期股价会上涨的前提下进行投资，那么在2/3的情况下他都是错的。

投机者路易斯·斯密腾(Louis Smitten)对卖空股票做了如下定义：当你预期股价会下跌时，抛售出实际不属于你的股票。

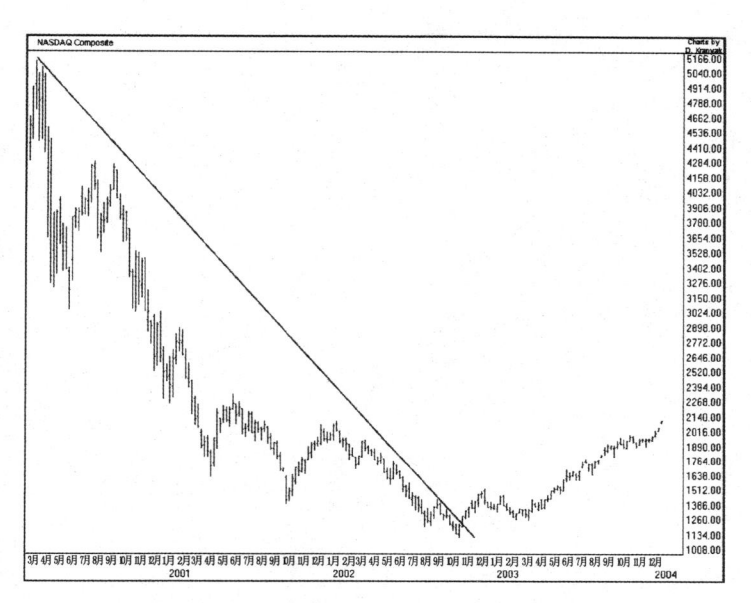

图 2.1　股票市场近期所经历的一场大幅度下挫（之一）

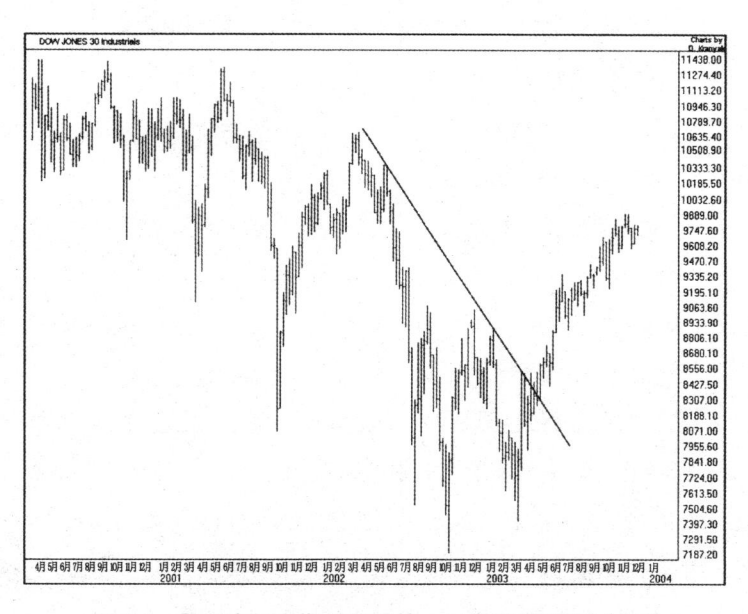

图 2.2　股票市场近期所经历的一场大幅度下挫（之二）

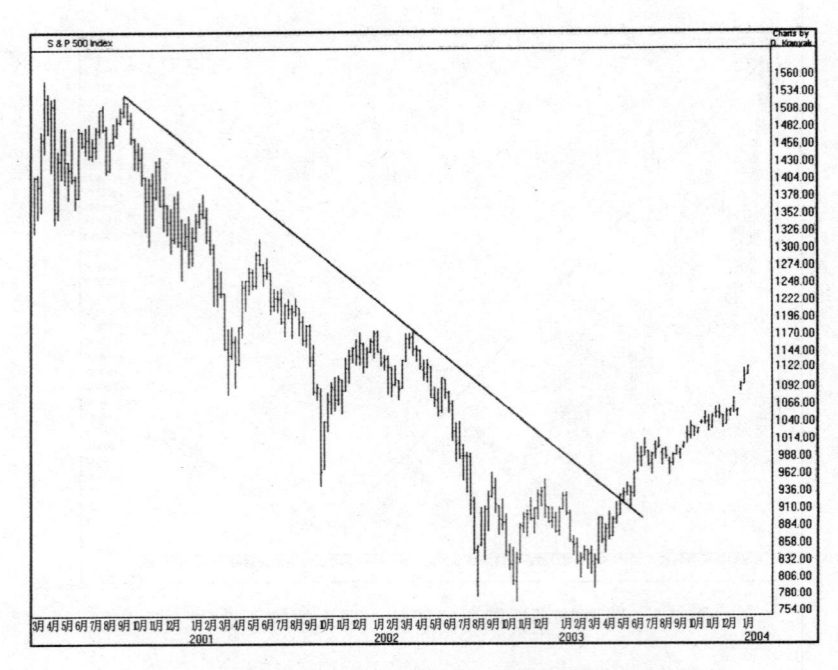

图 2.3　股票市场近期所经历的一场大幅度下挫(之三)

1. 股票是从股票经纪人那里转借到你账户中的。

2. 之后，从公开市场上再次买进这只股票，并将其如数归还给你的股票经纪人，以偿还原先借入的股票，这样交易就完成了。

也就是说，你先是卖出了股票，之后又重新买进。通常，我们希望能以更低的价格重新买进股票，这与常见的先买后卖的交易模式正好相反。

因此，在利维摩尔的模式中，交易之前的第一步就是确定股票市场的总体走向——利维摩尔将其称为"确定阻力最小的走势曲线"。利维摩尔通常不会用"牛市"或"熊市"这两个专业术语，因为他觉得，这两个词很有可能会导致投资者们形成一种固定的思维模式，会促使他们不自觉地去预测股市的走向，而这无疑是非常危险和致命的，因为股市只是一个受人们情绪驱动的动态市场，它的变化并没有任何其他的理由可言。

不要试图去预测股市的下一步发展——只要根据市场所反映的信息来采取行动就可以了。

——杰西·利维摩尔

在学习理解利维摩尔的理论时，这一内容对投资者来说是非常复杂和难懂的。有时，你会觉得利维摩尔的方法不仅晦涩难懂而且自相矛盾，你可能会问：利维摩尔的整个理论说的不正是预测股市走向的方法吗？

在利维摩尔的股票交易体系中，问题的答案通常都孕育在实际的股市发展中。而投资者们要做的，就是像夏洛克·福尔摩斯（Sherlock Holmes）那样仔细地调查分析市场所反映的现实情况——千万不要指望能预测股市的下一步走向，你只要耐心地等待，让市场来验证你的交易决策就可以了。一名成功的投资者，必定能在股价发生变化之前就制定好他的交易计划，因为股市走向并没有任何逻辑可言，它完全是受你情绪控制的，通常它都是无法预测的，其发展有时会违背我们的逻辑。利维摩尔认为，为了使成败的机会均等，并且提高交易的可靠度，投资者必须耐心地等待市场来验证他之前的判断。要做到这一点，交易者必须要有足够的耐心和定力，而这两种品质正是我们许多人所缺少的。但如果成功地做到了这一点，就等于为自己之前的决策投了一份保险。但记住一点，也不要等到市场的反应完全明朗化了才采取行动，那就太晚了！

另外，在很多情况下，新闻事件会蒙蔽我们的双眼。它们对股市的影响有时会大于我们的估计，有时却会比我们估计的要小，没有人能知道那些新闻事件究竟会对股市产生怎样的影响。从前面的图（图2.1至图2.3）中，我们可以看到，在"9·11"事件发生之后，股市确实下挫了，但下挫的程度并没有像我们之前所预料的那样厉害。其原因在于，在"9·11"事件发生之前，股市已经低迷了将近一年的时间。

我们很难了解，当新闻事件出现时，股市内部究竟是如何运作的。举个例子，假如长期以来，在股市中已经蓄积了一股强大的势力，那么在这种情况下，无论是正面还是负面的新闻事件，都有可能不会对股市产生任何影响。而当市场处于超买或超卖的情况下时，新闻事件可能也不会给股市带来任何动荡，因为市场会有效地过滤掉新闻事件。

在研究新闻事件及其对股市可能带来的影响时，千万不要仅依靠你的主观判断来预测接下来会发生的事情，因为这只是毫无根据的猜想而已。你要做的，就是仔细地研究市场自身的反应，就像利维摩尔说的："市场永远都不会错——错的只会是我们的主观想法而已。"他也曾说过：

在股市中，对时机的正确掌握是成功的关键。一名投资者可能会预测到股价大幅度地上涨或下跌，而他的这一推断最终很有可能会被证明是正确的。如果你有一些在股市中交易的经验，那么你肯定会认同我的话：假如，我预测了某只股票会上涨10个点位，于是将其买进，虽然这一预测最终被证明是正确的，但最后我却在这只股票上蒙受了损失，因为股票一开始的走势与我的推测相违背，所以我过早地将它抛了出去。之后，我有可能再一次买进了这只股票，但它又跌了3个点，于是我开始紧张害怕，导致最后还是将它卖了出去。

通常，投资者们都会犯太早采取行动的错误，继而怀疑自己先前所做的判断，于是把股票全都卖了出去。或者是他在这期间投资了其他的股票，所以当这只股票真的上涨的时候，他已经没有剩余的钱来投资它了。由于太仓促或之前已经有了两次失败的投资经历，使他丧失了勇气，而这恰恰是投资者最大的悲哀。

在这里，投资者们最需要克服的是他们的贪婪，他们总是希望恰巧在股票涨到最高点的时候进行交易，如果错过了一两个点，他们就会捶胸顿足地责怪自己。但千万别急着交易，在行动之前，必须耐心地等待市场来验证你的决定。这样做好比是给你的决策投了一份小小的保险——虽然这样做有可能会使你失掉一两个点，但同时也避免了你判断错误时可能导致的错误交易，每个投资者都会碰到这些情况。

假设，一只股票的现价为25美元，并且其价格在很长一段时间内都维持在22～28美元。如果你相信这只股票最终会涨到50美元，那么务必要有足够的耐心，等到这只股票真正活跃起来，继而涨到28美元或29美元。等到这只股票的买入量比正常买入量多出50%甚至更多时，便可以断定你之前的判断没有错，这只股票的发展空间的确很大，否则它就不会爆发了，如果出现了上述所说的这些情况，就可以说明这只股票确实前景光明，身价看涨。这个时候，你就可以肯定自己之前关于股票会上涨的预测了，如果走到了这一步，那你大可不必因为没有在25美元就买进股票而感到懊悔。假如你在那个时候买进了，有可能到这个时候你已经没有耐心再继续等待和观察，说不定在股价上涨的时候，你已经将它卖出去了。而一旦你以较低价格脱手，可能之后你就会变得不安和害怕，继而，当这只股票再次活跃起来的时候，你已经不会再买进它了。

利维摩尔交易体系中，时机选择的一个关键因素就是，在交易开始时，就要做出正确的判断。在所有外在因素都到位之前，你必须要耐心地等待，如果你采取的行动正确并且有足够的耐心，那么你的股票一定会朝着你所预期的方向发展。

相反，如果你已经决定要交易某一只股票，但它的走势却非常缓慢，可能只停留在原地不动,或者与你之前判断的走势完全相反,这时你就应该果断地考虑结束这笔交易。

利维摩尔过往的经验告诉我们,要想真正在投资中赚到钱,必须要对自己的投资对象有足够的信任,而且这种投资应该要在一开始就显示出良好的势头。

利维摩尔相信,如果他的时机选择理论是正确的,并且做到在正确的时间采取行动,股价就一定会上涨,就好像有一股像潮汐那样强大的势力在背后推动着它一样。如果在这种情况下,股价还是没有像预期的那样上涨,他就完全有理由怀疑他先前的判断是错误的了!但利维摩尔也承认,在某些时候他也会失去耐心,因为他想要时刻玩转市场!

也许你会问:利维摩尔积累了那么多的经验,怎么会允许自己违背他自己定下的规矩呢?利维摩尔的答案是:他也是一个凡人,拥有所有人性的弱点。因此,与其他的投机者一样,他的理性判断有时也会让位给情绪。

在很多方面,股票交易都与赌博中的纸牌、扑克牌和桥牌等非常相似,利维摩尔每个星期一晚上都会在他长岛的别墅中玩这些赌博游戏。通常,爱玩这些游戏的人每一手牌都想要参与,并且每次都想要赢!这便是投资者们贪婪本性的表现!如果不通过自律来强迫自己坚持自己的原则,这无疑将成为投资者身上最大的弱点。如果不能领会这一点,投资者们最终肯定会输得很惨,所以,利维摩尔曾规劝投资者们一定要有足够的耐心,要等到天时、地利、人和的时候再采取行动。

关于何时抛售股票的问题,利维摩尔花了很长时间进行研究。卖出股票的时机选择同买入股票一样重要,这一点是毋庸置疑的。你可能在正确的时间买进了股票,但除非你也选对了卖出股票的时机,否则你很难真正从这笔交易中获取利润。

人天性都是乐观的,尤其是当你买进了一只股票的时候。但在卖出股票时,你又会变得惶恐不安起来。利维摩尔认为,如果你在投资交易中表现出了这两种截然不同的情绪,那么你很有可能会面临一种可怕的危险,因为这两种截然不同的情绪很容易导致两种令你感到困惑的、截然相反的立场。

这里我们来分析一下,在典型的股票交易中,如何对一连串的时间点做出正确选择的问题。假设你以 30 美元的价格买进一只股票,到了第二天它就涨到了 32 美元或 32.5 美元。这时候,你开始担心,如果不马上抛出这只股票,说不定到最后连眼前这份小小的利润也会流走。所以你决定立即抛售股票,带着眼前的这些利润退出交易。但事实上,这个时候是你最应该保持乐观的时候,既然在前一天你不曾拥有这多出来的 2 点利润,又何必害怕会失去它呢？如果在一天之内，你多赚了2点，那么很有可能在第二天你还可以再多赚2点或3点。到了下一星期，股价可能已经上涨了5点。

所以，只要股票的走势正确，市场也没有出现任何异常，就不要急于获取眼前的利润，因为你很清楚自己的判断是正确的，否则，你压根不会获得任何利润。所以就这一点而言，你也应该要继续持有你的股票，这很有可能会给你带来一笔更为可观的利润。只要市场没有任何值得你为此担忧的表现，那就坚定不移地相信自己原先的判断吧！

相反，假设你还是以30美元的价格买进了一只股票，但在第二天它跌到了28美元。在这种情况下，通常你都不会担心再过一天股价会再跌3个百分点或更多。大部分投资者在这种情况下，都会坚信股价会在第二天反弹。但事实上，这个时候正是你该担忧的时候！在跌了2点之后，它很有可能会在第二天再跌2点，在一个星期或两个星期内甚至跌掉5点或10点。所以你有足够的理由担忧：因为如果你不立即抽身出来，之后很有可能会损失更多，所以在亏损进一步扩大之前，应该立即卖出这只股票，保护剩余财产。

利维摩尔很清楚，利润通常能自行运转，但亏损却不然。

利维摩尔的信条是：在损失最小时，就认赔出场，以免蒙受更大的损失。这样做，可以保证投资者们的户头不至于出现赤字。之后，如果再次出现投资机会，投资者们就可以再次买入与先前相同的数量。

这一策略使投资者们成了自己的保险经纪人。因为要想保有继续投资的能力，唯一的办法就是牢牢地捍卫自己的资金账户，千万不能损失太多，否则很有可能会危及整个投资事业的运行。之后，当投资机会再次出现时，你很有可能已经没资金再进行投资了。

利维摩尔认为，在证券和商品投资交易中都是如此。会有适合投资的时候，但同时也有不适合投资的时候，当后者出现时，就应该果断地从市场中抽身出来。

一直以来，利维摩尔都相信这样一句话：你可以赌赢一场赛马，但你没法打败整项赛事！在股市中，也是如此。某些时候，你可以通过投资股票获取利润，但如果你每天或每周不间断地进行交易，肯定不可能每次都能赚到钱。事实上，只有傻瓜才会那么做！在利维摩尔看来，持续交易这一策略根本不可行。

也许，关于时机掌握的问题，投资者们会有这样一个疑问：在选准时机买进股票后，我可以不再考虑卖出股票的问题吗？因为无论如何，我都打算要长期持有这只股票。如果说前3年的股市情况已经教会了我们一些东西，那便是：投资者们在买进任何一只股票时,绝对不可以就简单地将其束之高阁,从此之后便不管不问。

在利维摩尔看来,根本就不存在所谓的好股票,只有能赚钱的股票!

这里,我们来介绍杰西·利维摩尔总结的几条股市交易中的注意事项:首先,不要冒险;不要做被动的投资者!投资者们会蒙受损失,只是因为他们买进了股票。我们经常听到一些投资者们说:"我从来都不担心股价会出现波动,也不惧怕追缴保证金。因为我买股票绝对不是为了投机,我做的是投资。如果股价跌了,它总有一天会涨上去的。"

但不幸的是,那些买进时被看好的股票,之后都会面临一系列巨大的变故。这些先前被认为适合投资的股票,之后都会逐渐变成纯粹的投机性股票,甚至有些最后就完全变成了泡影,而那些投资者们投入的资金也就因此而打了水漂。出现这样的情况的原因是,我们在一开始的时候没有意识到,原先以永久投资的名义购进的股票,在未来很有可能要面临一系列会危及股票盈利能力的变化。

一旦投资者们看清了这种局势的变化,就表示他们的投资已经发生了贬值。股市的变动都发生在将来,而不是现在。所以,那些所谓的投资者们必须要像那些投机冒险的商人一样,非常小心地捍卫他们的资金账户。只有这样,那些自称是投资者的人,才不会成为被投资者,他们也不会容忍信托基金和共同基金如此严重的账户贬值。

在利维摩尔那个时代,人们普遍认为,把钱投在铁路股,如纽约、纽黑文和哈特福德铁路,要比放在银行里安全得多。1902年4月28日,纽黑文的每股价格为255美元。1906年12月,芝加哥、密尔沃基和圣保罗的卖出价为199.62美元。同年1月份,芝加哥西北铁路的每股卖出价格为240美元。40年以后,再让我们来看看这些当年安全性较高的投资是什么样的。

1940年1月2日,它们的报价分别为:纽约、纽黑文和哈特福德铁路每股50美元;芝加哥西北铁路每股0.31美元。当天没有芝加哥、密尔沃基和圣保罗的报价,但1940年1月5日,它的报价为每股0.25美元。这些在利维摩尔那个时代被看好的投资,最终却大幅度缩水甚至成了泡影。对这些股票的投资失利,也间接导致了那些保守投资者们的财富被重新分配了。

毫无疑问,在这种情况下,股票交易者蒙受了巨大的损失。但利维摩尔认为,这些人在那么长的时间跨度内所损失的远比那些买了股票就不闻不问的投资者的损失来得少。1999~2004年间的股票市场也是如此(参见本章最后的市场图表)。在利维摩尔看来,投资者是最大的赌徒,他们下了赌注后便不再退出,一旦他们的赌注下错了,就将输掉所有。如果一名聪明的投资者也在这个时间买入股票,并在此期间做了相关的市场记录,那么当市场给出投资出错的危险信号时,他就能很好地接收这些信号,并及时采取行动,将自己的损失降到最低。之后,耐心地等待更有利的市场条件出现,或者进行卖空交易。

一旦某只股票开始下滑,没有人能准确估计它究竟会下跌多少。同样,当股票上涨时,也没有人会知道它究竟会涨多少,利维摩尔给出的很多建议都值得股票操盘手们牢记在脑海里。

不要股价一高,就迫不及待地抛售股票。可能当你看着一只股票从10美元涨到50美元的时候,你就认为已经是时候抛售它了。但事实上,这个时候你应该考虑的是:如果市场的外在条件有利,并且公司管理得当,是否存在某些因素会阻碍股票再从50美元涨到150美元呢?如果确实存在,那么再抛售也不迟。很多人在看到股价涨了很长一段时间并达到一个较高的水平后,便急于抛售它,可最后这一举动却使他们损失了很大一笔财富。所以,我们一定要根据市场的实际情况来对股票进行分析,一定要找到充足的理由后,才能将其脱手。

相反,也不要仅仅因为某只股票跌了很多,就将其买进。股票下跌,自然有它跌的理由(例如,某只股票的价格看上去好像已经很低了,但事实上,相比它的实际价值,它现在的股价可能还过高了)。

利维摩尔的股票交易方法可能会使许多投资者感到出乎意料。当他研究了自己的股市记录后发现股票有继续上涨的潜力,他就会在股票再创新高前,毫不犹豫地将其买进。

在股价下跌时同样也是如此。为什么?因为这样做完全符合根据股票的实际走势来采取行动的原则。并且之前所做的相关记录也告诉他应该大胆下手,所以这肯定是一笔稳赚的交易。

利维摩尔交易体系表明,如果你的第一笔交易赔钱了,千万不要再做第二笔。

利维摩尔的另一条雷打不动的原则是:不要试图去弥补先前的损失,投资者们一定要牢记这句话。

2004年的一些热门蓝筹股的表现也充分证明了利维摩尔的这句话(参见图2.4~图2.10)。记住,没有好的股票,只有能赚钱的股票。当时,许多人都认为将钱投资在这些股票上就好比将钱放在银行里一样高枕无忧。这些蓝筹股包括：

- 通用电气
- 可口可乐
- 朗讯
- 通用汽车
- 微软
- 太阳微系统
- 英特尔

图 2.4　2004 年备受欢迎的蓝筹股之一：通用电气

这些蓝筹股将来还有可能会杀回来，但这无疑还需要很长的一段时间。所以，这些股票的持有者们所承受的心理压力是难以想象的。

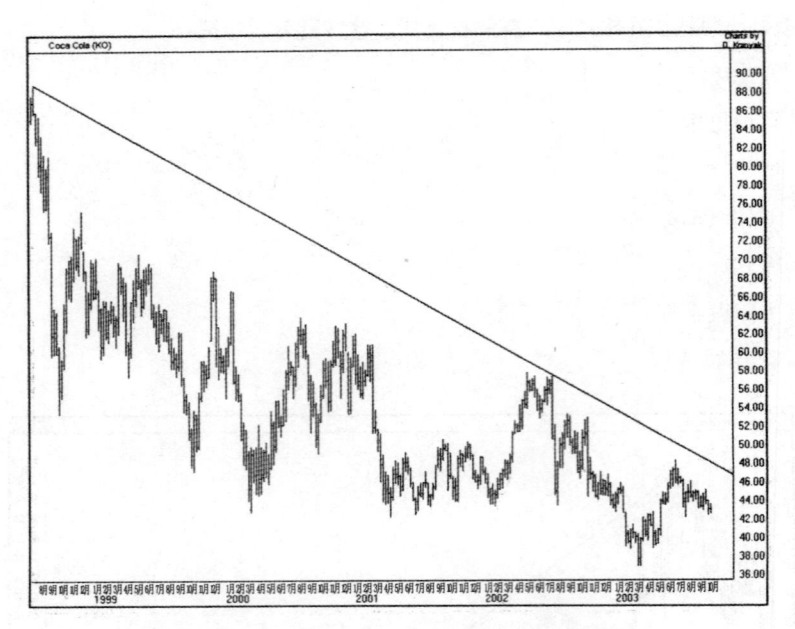

图 2.5　2004 年备受欢迎的蓝筹股之一：可口可乐

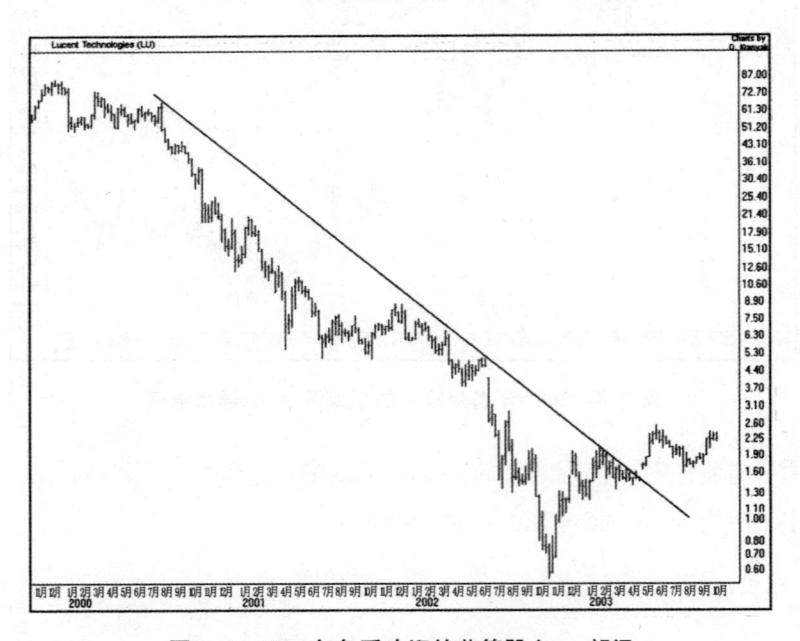

图 2.6　2004 年备受欢迎的蓝筹股之一：朗讯

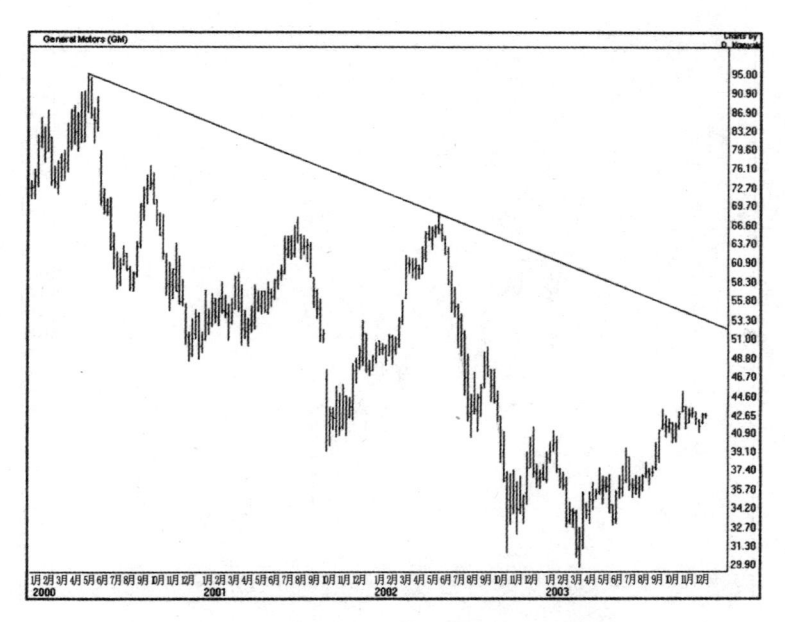

图 2.7　2004 年备受欢迎的蓝筹股之一：通用汽车

图 2.8　2004 年备受欢迎的蓝筹股之一：微软

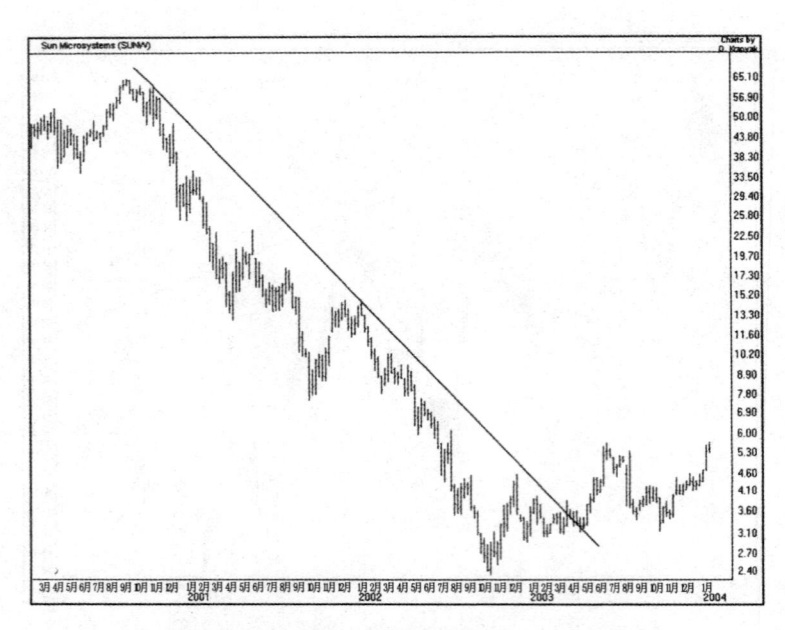

图 2.9 2004 年备受欢迎的蓝筹股之一：太阳微系统

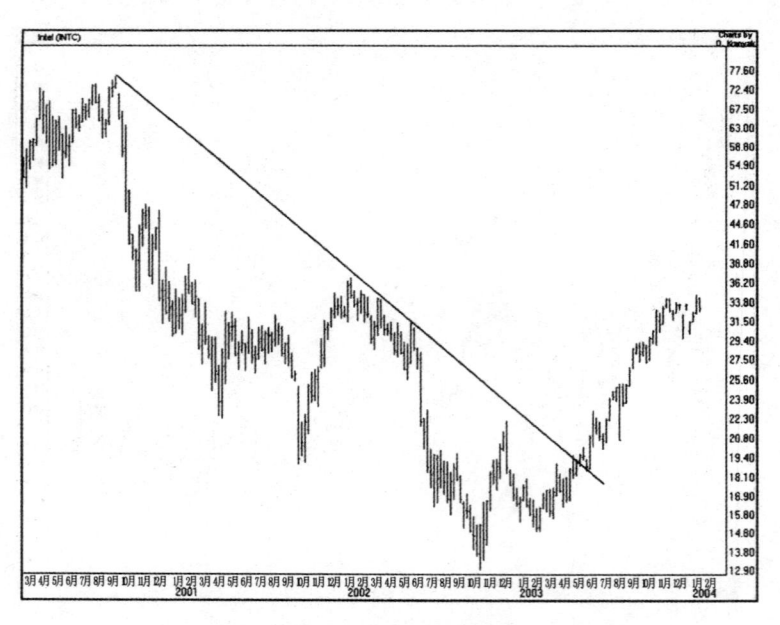

图 2.10 2004 年备受欢迎的蓝筹股之一：英特尔

—— 第三章 ——

利维摩尔在股票交易中的新发现

股市永远处于变化之中,它是动态的。鉴于股市的复杂性,利维摩尔相信,任何投资者永远只可能是这个行业里的"学徒",而不可能是"师傅"。在利维摩尔45年的股票投资生涯中,他一直在不断完善他的交易体系。无论交易的结果是好还是坏,他都会回过头来重新进行认真的研究分析,他不断从成功和失败的经历中吸取经验和教训,虽然有时它们并不是那么显而易见,并且时常伴随着惨痛的代价。

发现1:只投资龙头股

一旦利维摩尔确信他的某个结论是正确的,他就会将这一结论补充到他的交易体系中。利维摩尔早期总结出的一个经验是:只投资龙头股,千万不要在那些疲软的股票上浪费时间!也不要去投资那些低价股和那些尚未被看好的股票;换句话说,就是要投资那些已被公认的龙头股。长久来看,这样做会使你更具优势,而光凭这一点,就可以极大地帮助投资者们在选择投资对象时做出正确的选择。记住,如果在某一行业的龙头股上你没能赚到钱,那么你就更不可能在该行业的其他股票上赚到钱。

利维摩尔认为,股市中总有一些因素会诱使你变得麻痹大意和过度自信,而谨慎交易不仅需要投资者们运用自己可靠的常识,并且还要学会如何捍卫自己已经取得的利润。如果能很好地做到这几点,一旦你在股市中赚到钱,就不会再失去它们。

我们都知道股价总是处于不断的上下波动中,这并不是什么新鲜事。但利维摩尔认为,在波动的背后,通常有一股无法抗拒的巨大能量:它就像海浪,有时甚至像潮汐,除非碰到障碍物,否则一旦出现就势不可挡——而在股市中,我们将这种能量称为"趋势"。

投资者们所要做的,就是注意和观察这股能量。你并不需要知道产生这股能量的原因,这不会给你带来任何好处;相反,只是把时间浪费在了不重要的事情上而已。你需要知道的仅仅是股价有了波动,其背后有一股能量,仅此而已。接下来你要做的,就是紧紧地跟着这种趋势走,投资者们一定要善于利用这种趋势,不要试图去挑战和征服市场。

此外,还要记住,不要在股市中到处撒网,立场不能摇摆不定,不要同时对太多的股票感兴趣。只关注几只股票远比同时关注多只股票简单得多。在利维摩尔的早期职业生涯中,他就曾犯过这样的错误,最后导致他蒙受了巨大的损失。利维摩尔认为,一名投资者在同一时间最多只能持有10只股票,但如果能更少点的话,肯定更易掌控,所以最好还是不要超过5只。

此外,利维摩尔认为,不能对整个市场抱有乐观或悲观的一致态度,这一点是他极力反对的。因为很有可能行业中某只股票的走势会偏离整个市场的趋势,所以你不能根据这只股票的走向来推断整个市场的走势是否发生变化。在这种情况下,你一定要耐心地等到其他行业的走势也发生变化,尤其是那些行业中的龙头股。当这些行业与先前那个行业的变化一致时,你就可以采取行动了,因为这时已足以表明整个市场都会向上或向下波动,一个新的市场走势正在形成。如果采用利维摩尔交易体系中的这些准则,你将有足够的时间来观察整个市场走势的变化。你必须耐心地等到你所需的提示信息的出现,当这些信号出现时,你得及时准确地接收它们。在1907年的股市大动荡中,正是市场给出的这些信号,使得利维摩尔在一天之内就赚得了300万美元。而在1929年的大崩盘中,他更是靠着卖空交易在股市中捞到了1亿多美元。

在20世纪20年代末的大牛市中(1929年的大崩盘之前),利维摩尔清楚地意识到,铜业股票的上涨已经到头了。那个时候,投资者们通常以铜业股来预测整个市场的走向。因为当时,铜在整个建筑行业中运用得非常广泛,即使到了今天,还是有很多投资者靠铜业股来对整个市场走势进行预测。

1929年,利维摩尔又注意到,汽车行业的上涨也已经到头了。在之后的一段时间内,这一行业的股票变得疲软不堪。鉴于这两个行业的牛市已经结束,利维摩尔错误地认为,应该是时候卖掉所有的股票了,他这样做了。但事实证明,利维摩尔的这一决定实际上是错误的,其他行业并没有大幅度下跌,而是飞快地上涨,利维摩尔因此在这些交易中跌了一个大跟头。

但同时,他在铜业股和汽车股的卖空交易上却获得了巨大利润。因此,大体上他还是可以达到盈亏平衡。但之后,利维摩尔还是固执地坚持在整个市场上实行他的卖空交易,他也因此继续在这些投资中亏损。从1929年7月到12月,利维摩尔一直试图找出公用事业股票的涨幅顶点,因为公用事业股是另一类具有标志性意义的股票。这一行业最终和其他一些工业行业一起停止了上涨。当时,亚纳康达(Anaconda)铜业的每股价格比它先前的价格低了50点,汽车股下跌的比例也差不多,所以利维摩尔在这两个行业中又一次通过卖空交易获得利润,补偿了他在其他行业中的一部分损失。

从利维摩尔的这些经历中,投资者们应该适时吸取的教训是:当你意识到某一行业出现波动时,就应该及时下手。但切记,千万不要将这种波动强加于其他的行业,除非你清楚地看到了这些行业也有朝这个方向发展的明显趋势。要做到这一点,则再次要求投资者们必须耐心等待他的判断得到市场验证。记住,在你的判断未获得市场验证之前,千万不要将你的主观看法强加到整个股市上。

只研究当前最突出的股票,即那些龙头股。如果在最活跃的龙头股上你都赚不到钱,你压根就不可能在股市上赚到钱。在上一次的股市大动荡中(1999年),如果投资者们能够适时采取利维摩尔的这个建议,那么当那些龙头股和领头行业,如亚马逊、雅虎、美国在线、朗讯、思科系统、太阳微系统,甚至包括一向表现良好的微软在涨到顶峰后急转直下,并带动整个市场紧跟它们的脚步时,投资者们就应该意识到历史在这一刻重演了!而事实上,在这股势力波及整个市场前的3～6个月,在这些股票上已经出现了一些预兆。利维摩尔很清楚,一般来说,通常最先上涨的,在下跌时肯定也是首当其冲,所以最先惨败的总是那些龙头股。而当市场重新振作时,在新一轮牛市中出现的龙头股却很少会是上一轮牛市中的那些,这一点在未来的股票市场中将同样适用。

利维摩尔总能找出股市中的龙头股,他会花很多时间去推断,哪些股票会成为市场中新一轮的黑马,如果利维摩尔现在还活着,那么他可能已经找出了当前市场中的龙头股。任何谨慎和明智的投资者都应该这样做,只有这样,才能赶在其他人之前发现新市场、新产品和新龙头股。

龙头股就像女士的衣服款式一样,永远都在变化,原先的龙头股会不断地隐退,新的龙头股会出现来代替它们的位置。在20世纪20年代,主要的龙头股包括铁路股、美国制糖股和烟草股,之后钢铁股逐渐兴起,而美国制糖股和烟草股逐渐隐退。在新一轮的股市发展中,总会出现一批新的龙头股,即使有时我们仍能在"红榜"上勉强找到之前一些龙头股的身影,那也只是少数。在利维摩尔看来,只要股票市场存在,这种情况就不会改变。

利维摩尔的一条交易准则是:每个新的市场都会有新的龙头股。在当今股市,新的龙头股也正在酝酿。

利维摩尔的另一条交易准则是:投资者不应该在同一时间持有太多只股票,这样做很有可能会被牢牢套住。正确的做法是，将注意力集中在少数几只股票和几个行业上。比起剖析整个市场，你会发现，这样做通常能够获得更为准确的信息。这一点，投资者们必须牢牢记住。

如果你准确地分析了 4~5 个热门行业中两只股票的走向，那么你大可不必费心关注其他股票的走势会如何。正如之前所说的，跟着龙头股走，然后及时根据市场动态改变你的投资策略，这样做就可以了。当然，要记住一点：今天的龙头股并不一定就是明天的龙头股！

所以，有经验的投资者肯定只关注有限的几个行业，并将注意力牢牢地锁定在行业中的龙头股上。在采取行动之前，他们会仔细观察，变得非常谨慎。1920 年之后，我们步入了一个股市的新纪元，这一新的股市环境给那些做事有理有据、好学且称职的投资者和投机者提供了更具保障的投资机会。再加上技术上的进步，如行情显示系统、电话以及报纸的发明，为股票交易者提供了所需的股市信息。这些信息每天都会被登出来，并附上相关的标题和评论，这有助于帮助投资者在选择投资对象时做出明智的决定。

发现 2：要牢牢把握行业组的走向

利维摩尔发现，行业组（industry group）的走向是影响单只股票变动的关键。在 20 世纪 20 年代，他在他的交易体系中运用了这一发现，即股票的变动并不是个别行为。当它们发生变化时，总是受到整个板块或行业组大环境的影响。在利维摩尔看来，这一发现是一个非常大的突破。

如果美国钢铁上涨，那么伯利恒钢铁以及其他与钢铁紧密相关的几只股票迟早也会跟着一起涨。好几次，利维摩尔都注意到了这一现象，这也成为他在股票投资中的一个重要武器。正因为注意到了这一点，利维摩尔总是倾向于先对整个行业的走势做出分析，而不是孤立地关注单只股票。利维摩尔发现，一个合理的行业组变动至少应该涉及两只来自这一行业的龙头股，而之后，这一行业的所有其他股票都会跟着一起变动。

现在的许多股票交易者通常会搞混"行业组"和"工业板块"这两个概念，我们的媒体以及股票交易者经常会交替使用这两个词。所以，这里有必要来说明一下这两个概念的区别。

板块包含了属于特定领域或地区的所有行业，例如，金融板块就包括多个行业，计算机、通信以及医学板块也是如此。

金融板块包括国家级的银行机构、地方银行机构、保险机构、贷款机构、金融服务机构、股票经纪人事务所等。而计算机板块则包含了机箱生产商、软件供应商以及显示器、打印机和手持设备等其他外设生产商等。

利维摩尔认为，能够使投资者观察到市场环境变化并取得成功的最明智的做法是，彻底、深入地研究行业组的变化趋势，并将表现良好的行业与表现糟糕的行业区分开来。接下来投资者们要做的就是剔除表现不好的行业，只购买那些表现良好的行业中的股票。

在华尔街，人们经常会看不到近在眼前的东西。

——杰西·利维摩尔

现今，美国共有8 700多万公民以各种方式在股票市场中投资，这里，必须着重为这些人指出的是，在购买单只股票之前，首先必须要清楚整个行业组的走势。这一点正是利维摩尔能在他的股票交易中取得巨大成功的关键。而除了少数一些投资者外，在现今的股票交易市场中，这一点仍被相当一部分的人所忽略。

切记，千万不要去碰那些表现糟糕的行业！利维摩尔从来都不会去投资那些差行业中的弱股票，而对那些表现良好行业中的龙头股他一向都偏爱有加。当然，投资者必须学会根据不断变化的股市实际情况来调整自己的预测和看法，并及时采取相应的行动，这些都是投资者应该具备的常识。

为什么行业组会作为整体一起变动呢？

如果你问那些股市中的权威专家们，为什么行业组会作为整体一起变动，你很有可能会获得一个冗长而难以理解的答案。而在利维摩尔看来，其中的原因却非常简单，就与他对股市的其他看法一样。他可以用一句话来解释：如果美国钢铁在市场中受到追捧的原因是可靠据实的，那么其他的钢铁股肯定也会因为相同的原因而受到追捧。在卖空交易中，这一句话的反面也同样成立：如果某个行业组因为一系列原因而受到冷落，那么这一行业组中的所有股票肯定都会受到牵连。

图3.1~3.3表明了三个现有行业组总的发展趋势。这三个行业分别为互联网行业、经纪行业和房地产行业。

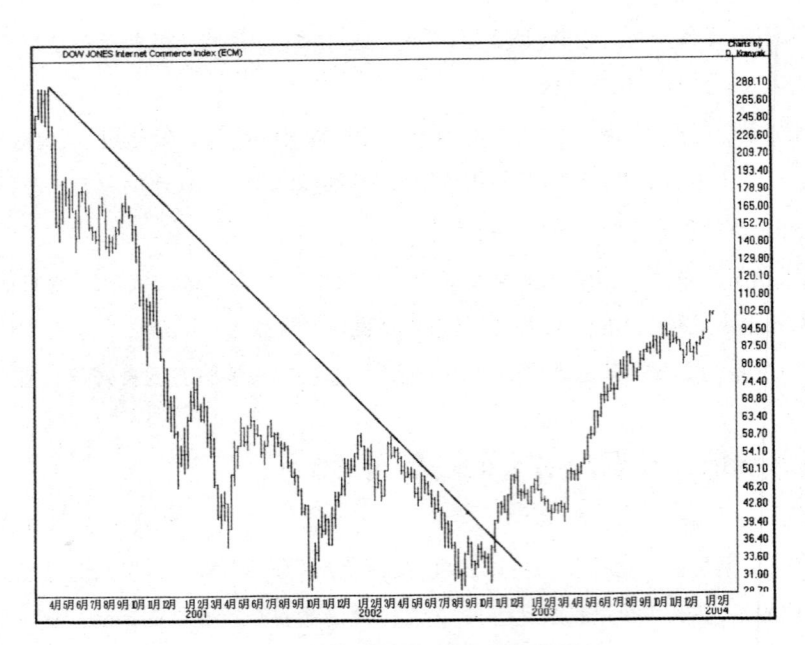

图 3.1 互联网行业组总的发展趋势

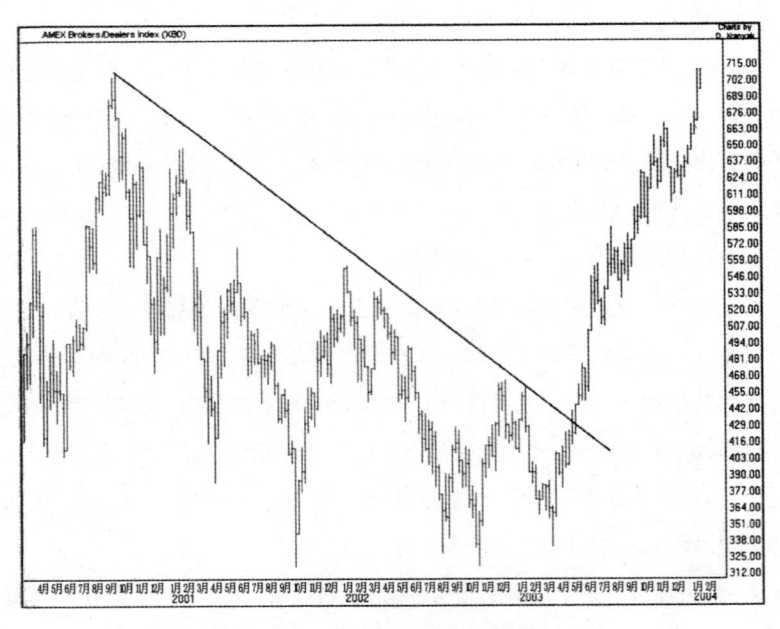

图 3.2 经纪行业组总的发展趋势

图 3.3　房地产行业组总的发展趋势

注意：对利维摩尔来说，如果在热门行业中，某只股票没有跟着一起上涨，那么很有可能意味着这只股票本身比较疲软，有可能是做卖空交易的一个很好选择。至少，投资者在买进这只股票时要异常小心谨慎，因为这可能是表明这只股票正处于困难时期的一个红色预警信号。以上说的这一点，即使对利维摩尔来说也是一个非常重要的参考依据。

在行业组动向中，唯一的特例是当某一单只股票占了整个行业成交量的50%以上的时候。这时，分析整个行业的趋势时，你并不一定要研究至少两只来自这一行业的龙头股，只要这一只就足够了。因为行业中的其他股票迟早都会随着这只龙头股一起变动的，就像现在股市中的英特尔和微软，它们就主导了它们所属的整个行业组的走势。

此外，需要记住的一点是，这里所说的龙头股，并不一定总是大家所料想的行业中那些传统的绩优股。有时，一些规模较小但管理得当的公司的股票也会因为引入了新产品或新策略而打败那些传统的绩优股，成为行业中新的领航者。所以在识别这些行业中的龙头股时，一定要非常警觉，我们要选择的应该是那些最具爆发力的股票，而不是那些最廉价或有待从下挫中恢复过来的股票。

发现3：按部就班的交易模式

按部就班的交易理念非常简单易懂。它包含四个步骤：

步骤1：制定清单。

在投资任何股票之前，你必须事先确认以下事项：

第一，观察最小阻力线，从而确定整个市场的基本走势。注意，利维摩尔从来不会使用牛市或熊市这样的术语，因为它们会迫使投资者们形成一种固有的思维模式，使他们无法灵活地思考问题！而"最小阻力线"这一概念在利维摩尔那里却被使用得非常频繁，他会仔细观察市场的阻力线到底是推动趋势的积极面、消极面还是不确定的一面。在此之前，首先要确定的是，你所感兴趣的股票到底属于哪个股票市场。例如，它有可能是道琼斯指数成分股，也有可能是在纳斯达克或美国证券交易所上市。在进行交易之前，首先对这一点进行确认是非常重要的。

只有在确定了你的交易与最小阻力线推动趋势的方向相一致之后，才能进行正式交易。在图3.4中，可以看到纳斯达克股市在某一点出现了转折，之后便改变了其发展的基本方向。

步骤2：跟踪行业组的发展趋势。

观察某一特定行业组的发展趋势。如果准备投资美国电话电报公司（AT&T），那么就应该注意长途通信行业组的变化趋势；如果准备投资哈利伯顿（Haliburton），那么就应该注意油井钻探行业组；如果准备投资哈拉斯娱乐（Harrah's Entertainment），那么就该注意休闲赌博行业组。总之，为了扩大投资获利的机会，必须首先确定行业组的发展方向是合理的，并且找到行业组中的最小阻力线。下面我们来分析一个具体的例子。

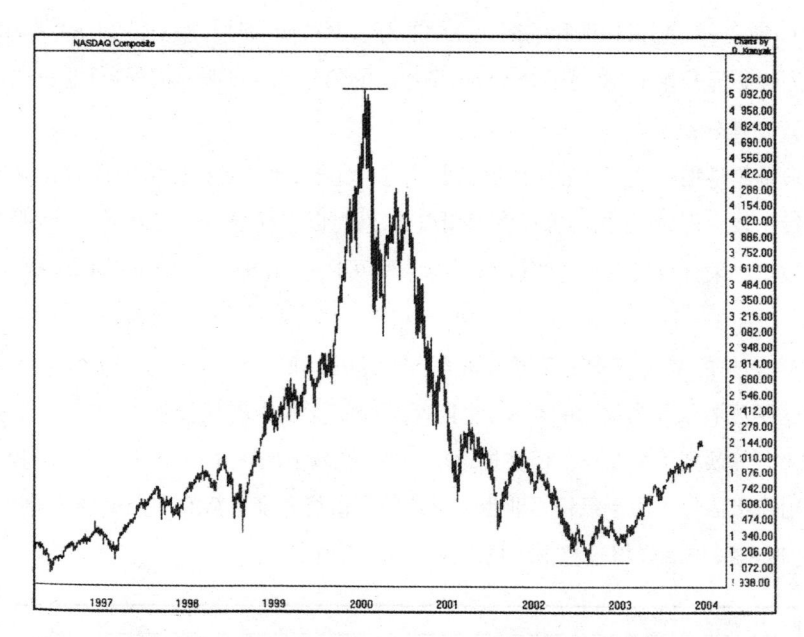

图 3.4 纳斯达克股市中出现转折点之后，其发展的基本方向发生了改变

图 3.5 2003 年 2～3 月，道琼斯和纳斯达克股市中的互联网行业同时开始复苏

2003年2～3月,道琼斯和纳斯达克中的互联网行业同时开始复苏,3～4月,市场的最小阻力线明显开始上扬(见图3.5),市场给出的信号都在证明,互联网行业正在回暖。

步骤3:比较交易。

比较交易是指将同一行业中的两只股票进行比较,也就是将你感兴趣的股票与同类股票进行比较。例如,如果打算投资通用汽车,就可以选择福特或克莱斯勒、奔驰等同它进行比较。如果打算投资百思买(Best Buy),就可以选择电路城(Circuit City)同它进行比较。

比较交易的具体案例:这里选取摩根士丹利(Morgan Stanley)和美林(Merrill Lynch)这两只股票作为讨论的对象,它们都是经纪行业中的佼佼者。2003年2～3月,这两只股票都跌到了最低点。但在这之后,其发展趋势出现了一个转折点,最小阻力线开始给出积极信号。由于经纪行业也是反映整个市场未来走势的一个重要行业,因此图3.6中反映的股市动向将是整个市场未来走向的预兆。

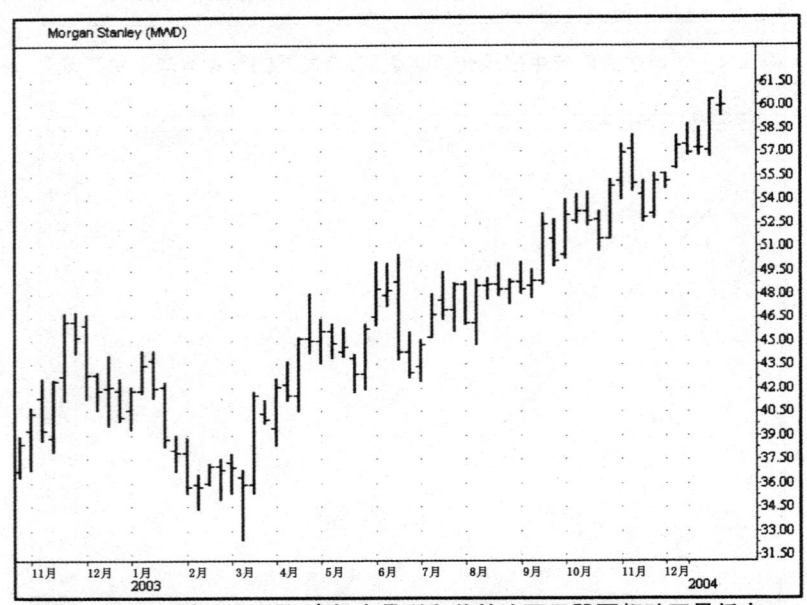

图3.6 2003年2～3月,摩根士丹利和美林这两只股票都跌至最低点,但在这之后,其发展趋势出现了一个转折点,最小阻力线开始上扬

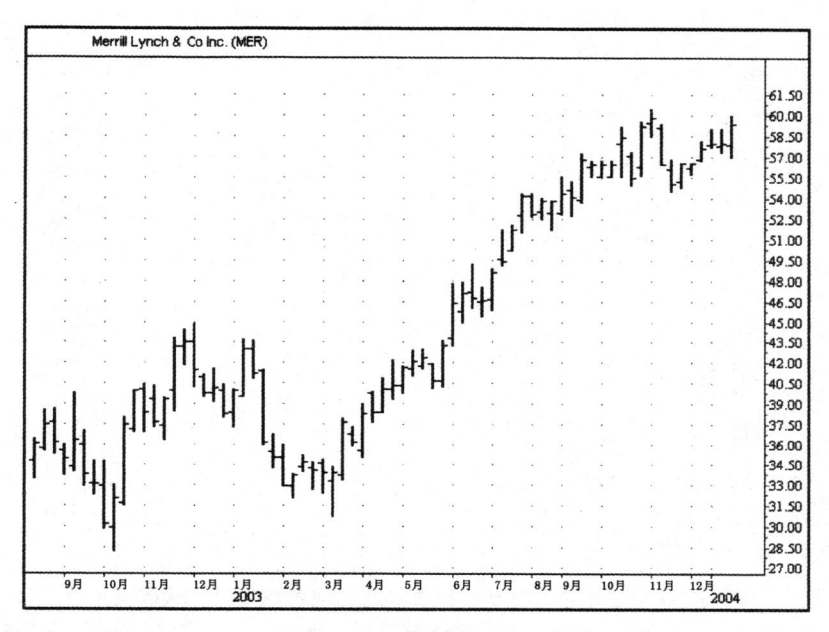

图 3.6(续)

步骤 4:同时观察三个因素。

在进行投资交易时,要同时注意整个市场的发展趋势、整个行业的发展趋势以及行业中类似股票的发展趋势(具体的例子请参见新版利维摩尔股票投资方案软件)。

在这一案例中,我们可以清楚地看到,当以上这三个要素的发展趋势相一致时,整个交易体系将会如何运行。图 3.7 中反映的所有信息(包括市场的信息和股票本身的信息)都表明,股市在经历了 3~4 月的低谷期之后开始反弹,最小阻力线逐渐上扬。

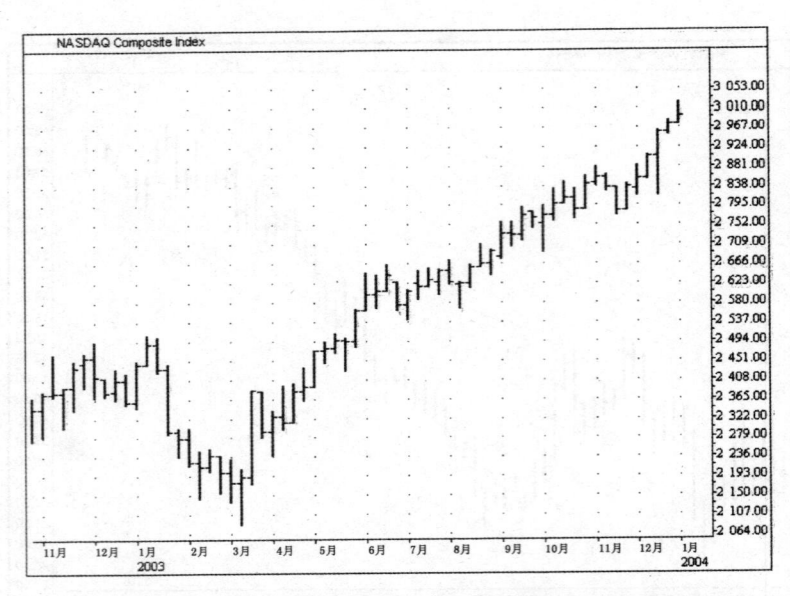

图 3.7 所有信息(包括市场的信息和股票本身的信息)都表明,股市在经历了3~4月的低谷期之后开始反弹,最小阻力线逐渐上扬。图中所示的是经纪行业,其中的两只绩优股分别是摩根士丹利和美林

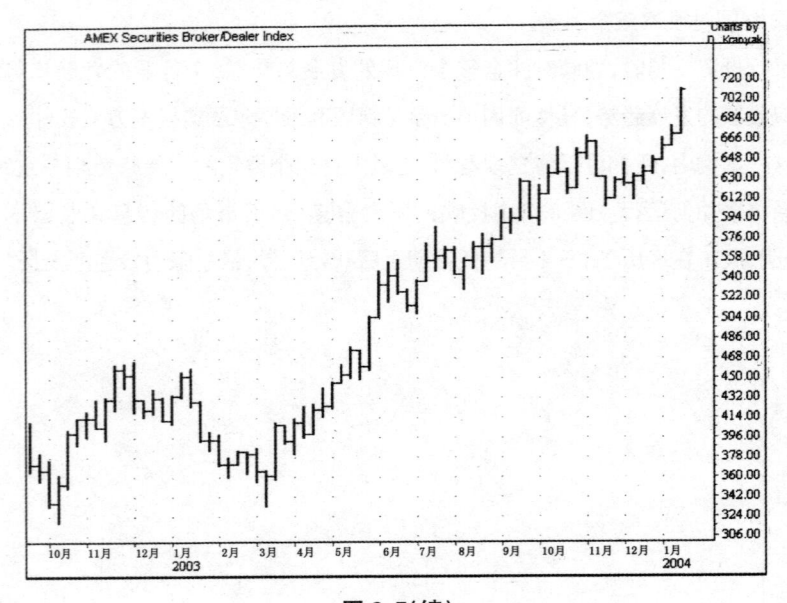

图 3.7(续)

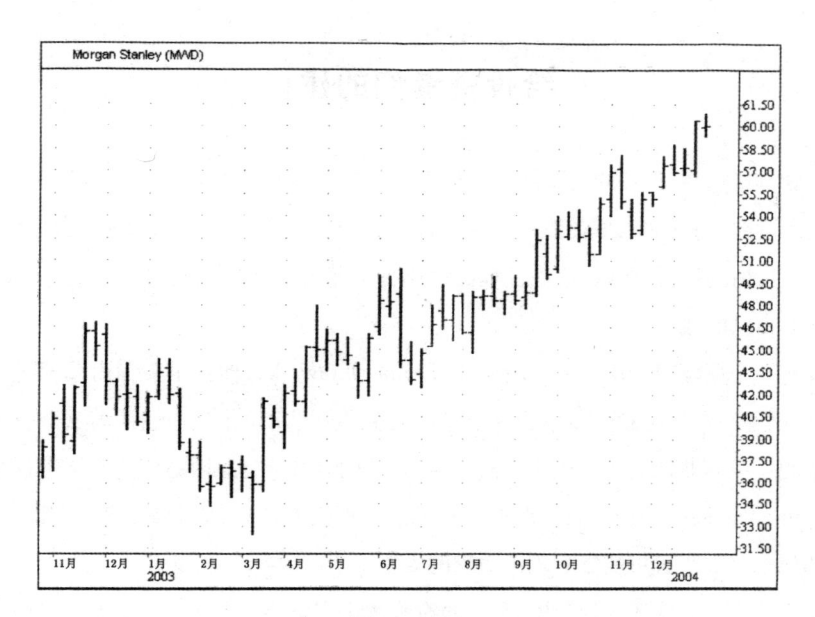

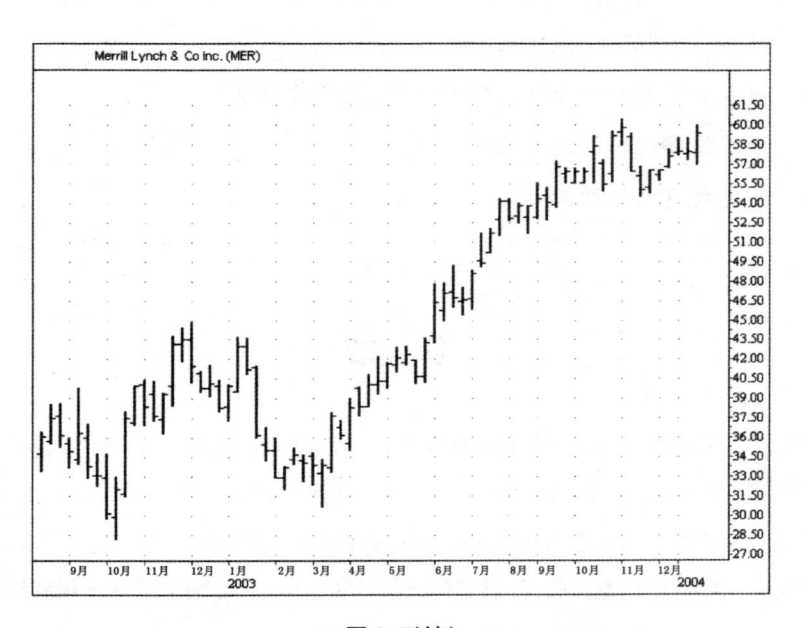

图 3.7(续)

图 3.7(续)

给投资者们的建议

要勤奋:对即将投资的股票做一次最终和彻底的分析,这应该是一个沿着跑道逐渐向前走的过程,而绝非乘坐火箭升空的过程。因为对于你来说,这是进行交易之前最后一次可以反悔的机会,所以,这一过程必须由你自己来完成,然后再自己做决定,因为这毕竟是你自己的钱。

我有一个朋友叫丹尼斯·克朗亚克(Dennis Kranyak),他曾是美国海军部队的一名中校,现已退役。他将利维摩尔的这一建议比喻成美国海军士兵在选择海域进行攻击之前所做的一系列准备工作。在这一过程中,士兵们会对所有海域的相关要素进行全面彻底的分析,无论最后他们会从分析中得到多少有价值的信息,他们都会运用自己掌握的一切知识来分析所有可能影响攻击效果的因素。

无论是海岸作战还是投资股市,总是存在着一些未知的因素,其中主要包括那些不确定的人为因素,所以在进行分析时,我们也要时时考虑到这种人为的因素。

这里列举一些利维摩尔总结的定理:
- 耐心地等到市场条件对你有利时,再进行投资;
- 使用按部就班的交易模式;
- 一定要有足够的耐心。

——杰西·利维摩尔

总　结

使用类似股票进行比较交易是利维摩尔的一个独门交易技巧。时至今日,这一技巧仍被投资者广泛使用,它是按部就班交易法中一个不可或缺的要素,同时也是买进股票后对其进行保值的主要方法。利维摩尔从来都不会孤立地关注某只股票,通常,他会同时观察行业组中的两只龙头股,并对它们进行分析。所以,要想正确地使用利维摩尔的股票交易体系,必须首先理解按部就班交易法、比较交易或类似股票等相关概念,而其宗旨概括起来是非常简单的,那就是:只有当同行业组有两只股票的发展形态相似时,才能对该行业组进行投资。

不要只把注意力集中在一只股票上,应该同时关注和追踪两只股票。因为同一个行业组中的股票原则上应该具有相同的发展趋势,所以比起只关注一只股票,关注两只显然能够增强你对投资的信心。如果两只股票的方向确实一致,那么它们也就互相证明了这一趋势的可靠性。如果你目睹了类似股票的移动方向与目标股票相一致,就更应该信任这一发展趋势,并据此来规划你的投资交易。

利维摩尔正是靠着他的这种比较交易的技巧来维系他的投资事业,一旦利维摩尔做了投资,他就会变得非常警惕和勤奋,几乎每天都会观察相应的那两只股票的动向。

对利维摩尔来说,他要找的证据、线索以及事实真相总是融入市场本身之中。如果你知道如何去解读它们,那它们就会变得显而易见,就好比一位有经验的法医专家,如果他懂得如何去调查犯罪现场的细节部分,就会发现别人发现不了的破案线索。总之,事实就在市场中——投资者所面临的挑战就是,如何去准确地分析这些事实情况。利维摩尔对他的儿子说过:"投资股票就好比一名伟大的侦探在调查一桩永远都不会水落石出的复杂案件,你永远都不会知道事情的全部真相。"

利维摩尔的其他一些交易准则也体现在按部就班交易法中,并且列入他的检测清单之中:

坚持根据股市的具体走势来规划自己的投资,这是一条不变的原则。首先,股票交易者应该找出自己的目标股票是在哪个股市上市的(例如道琼斯、S&P、美国证券交易所、纳斯达克等);然后观察那个市场的交易情况。例如,如果你对微软或英特尔感兴趣,就可以观察纳斯达克股市的最小阻力线及其发展趋势。如果想投资美国前500强的股票,就可以观察标准普尔指数。记住,在投资过程中,我们的最终目标就是使市场的走势与我们的投资方向相一致。只要做到了这一点,那在投资过程中究竟是选择长线还是短线就不重要了。利维摩尔就从来不会关心究竟是做短线交易还是做长线交易。对他来说,这两者是一样的。

只投资行业中的龙头股,也就是说,只要关注龙头股的发展趋势就可以了。

通过行业分析法和按部就班
交易方法来辨别市场趋势

  1907年和1929年,利维摩尔通过卖空交易大赚了几百万美元。当时,有很多人问他是如何辨别市场发展方向,他说是通过自己按部就班交易模式以及他的行业组分析法做到这一点的,这两者为他提供了确定市场走势变化的线索。

  利维摩尔的经验是:行业的发展形态是整个市场走势的重要反映。虽然投资者都知道这一点,但很多情况下却将它忽视了。利维摩尔认为,我们通常可以通过行业组的发展趋势来推断整个市场走势的变化。当热门的行业股变得疲软或崩盘时,我们就可据此推断,整个股市的低迷也为期不远了!在2000年的股市大崩盘中就出现过这样的情况,当时先是一些一向表现良好的股票出现了下跌,之后其他股票也跟着一起跌了!

第四章

利维摩尔形态识别时机的关键
——转折点交易

第四章 利维摩尔形态识别时机的关键

当股市出现转折点时，是进行投资的最佳心理时机。因为反转点标示了股市走向的一个转折。

——杰西·利维摩尔

反转点

在利维摩尔的交易体系中，反转点是一个非常重要的因素。在股票投资交易中，利维摩尔是合理运用股市"转折点"的第一人，他把这作为他交易体系的重要组成部分。

"以最低价格买进，以最高价格卖出"从来都不是利维摩尔追求的目标，他要的只是，在正确的时刻买进，并在正确的时刻卖出，而他的转折点理论就可以帮助他选对股票买入的时刻。当然，光这一理论还不够，他还必须要有足够的耐心等到交易环境变得对自己有利时，再采取行动。即使到最后，利维摩尔之前所关注的股票没能具备所有合适的条件，他也不会感到气馁，因为他知道，这一趋势总有一天会表现在另外的某一只股票上。所以要耐心、耐心、再耐心——等待最完美交易时机的出现，这就是利维摩尔能够选对交易时机的关键所在。

利维摩尔总是将"时机"看作股票交易的一个关键因素，他总是说："能够使你赚钱的并不是你缜密的思维，而是你坐在那里，耐心地等待。"

但可惜，很多人都错误地理解了利维摩尔的这句话，他们以为利维摩尔会在买进股票后，静坐等待它的变化。这样的理解显然是不正确的，利维摩尔说这句话的真正意思是：在很多情况下，他会手握资金，耐心地等待合适的交易时机。当且仅当一切条件都就绪，并且尽可能多的因素都对他有利时，利维摩尔才会像一条眼镜蛇一样迅速出击，而且通常他都会得到不错的结果。

在转折点上买进股票，可以保证利维摩尔获得最佳的入市机会，因为通常来说，这时股市的变动才刚刚开始。一旦利维摩尔确定自己的投资决策是正确的，那么他并不畏惧下赌注，毕竟他的"拼命三郎"称号不是空穴来风。

利维摩尔认为，只要投资者能够找到一只股票的转折点，并在这一点上进行投资，那么这在一开始就将是一场非常有把握的战役。

但要记住的是，在使用转折点对股市走势进行预测时，如果股票在该点之后的走势与预期的有所不同，那么这是一个需要立即加以重视的危险信号。每次当利维摩尔失去耐心，没有等到转折点出现就快速交易，企图早早获利的时候，就总是赔钱。

对于转折点的研究会令人着迷，它增加了散户获得成功的机会。而通常，如果投资者能够根据自己的判断进行正确的投资，就会从中获得一种独一无二的快乐和满足。比起那些建立在别人的意见或建议之上的成功投资，前者通常能够给我们带来更多的快乐和满足感。如果在投资期间，你亲自做调查研究工作，用自己的一套方法进行投资交易，并且有足够的耐心，注意观察出现的各种危险信号，那么慢慢地，你就会发现自己俨然已经有了一个成功投资者的思考方式。利维摩尔的转折点理论既可用于商品交易，也可用于股票交易。利维摩尔从来都不认为这是一个永远不会出错的、在任何情况下都能给投资者带来成功的完美理论，但它确实是利维摩尔交易体系中的一个重要组成部分。转折点是判断你的决策正确与否的一个极其重要的标志，当然在这一过程中，你必须要有足够的耐心。

在股市中，没有一个投资者可以做到永远不出错，因为有时，股市会朝着与投资者预期相反的方向发展。而在这种情况下，只要是明智的投资者，就应该推翻自己原先的判断，并根据实际情况来重新规划自己的投资活动。在我看来，慎重的投资者永远都不会违背市场行情而采取行动，牢记利维摩尔的忠告：市场永远都不会出错，错的只会是我们的想法。

1929年的大崩盘促使利维摩尔完全信任转折点理论，当年的"黑色星期二"是股票史上最大的一个转折点，在这一天内，股市一共跌了11.7个百分点，这在今天，相当于道琼斯股指一天之内下跌1 100点。

利维摩尔说，当他真正理解了转折点的含义之后，就将它作为投资交易中的一个关键因素和一种可靠的交易技巧。而在当时的20世纪20年代和30年代早期，这一技巧还没有被股票投资者所了解，现在的投资者几乎也很少会用到它。事实上，转折点确实为进入和退出市场的时机选择提供了有用的参考依据。

对于反转点，我们无法进行简单的定义。利维摩尔认为，反转点表示的是市场基本走势的一个变化，这是进行投资的最佳心理时机，因为它表示市场基本走势的一个主要变化。

在利维摩尔的交易模式中，股票在长期趋势的曲线上究竟是处在谷底还是谷顶，这

第四章 利维摩尔形态识别时机的关键

一点不重要。对利维摩尔来说,任何股票都有可能成为他的投资对象,并且在任何时候,长线或短线交易都是有可能的。

总之,对利维摩尔来说,反转点就是最好的交易时机(见图4.1和图4.2)。

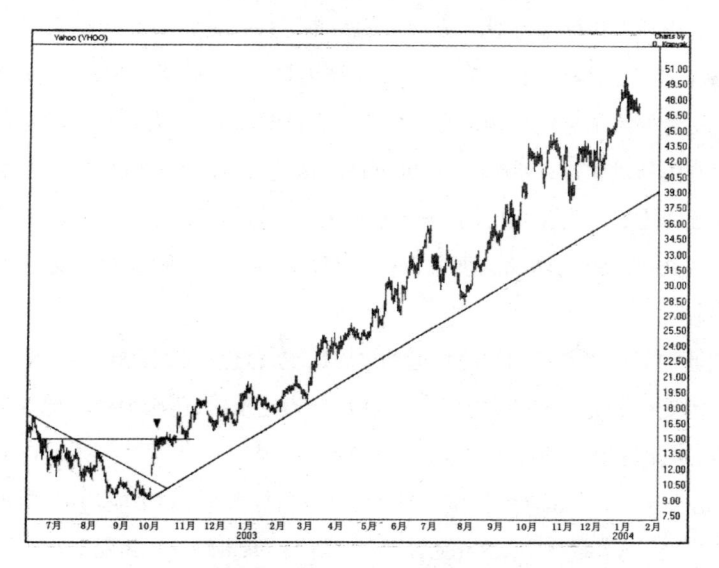

图4.1 从雅虎股票走势可看出,10月该股票出现了一个反转点

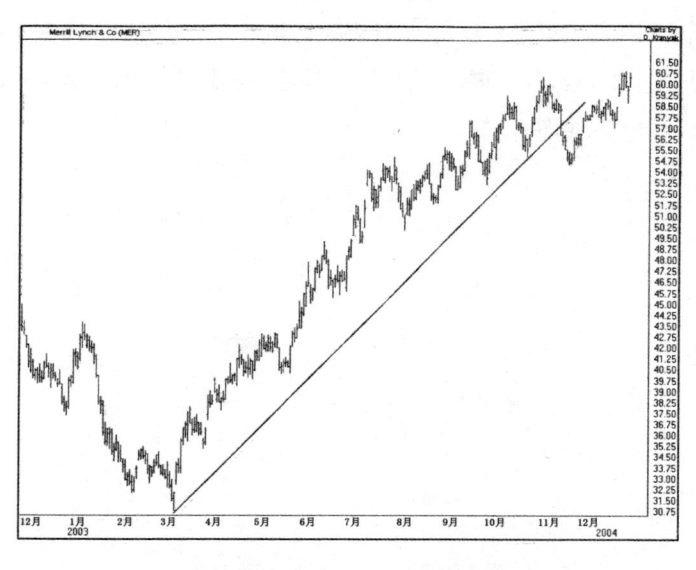

图4.2 从美林股票走势可看出,3月该股票出现了一个反转点

成交量因素

反转点的出现总是伴随着股票成交量的激增，这时，通常会有两种情况。一是出现股票买入高峰，但卖出量停滞不前；二是股票被大量卖出，但买入量却没有什么大的变化。股票成交的增加是判断转折点出现的一个重要依据，因为买方和卖方之间的较量使股票改变它的移动轨迹，放慢了上涨或下跌的速度。事实上，在这个时候，推动股票变化发展的那股势力已经发生变化，股票开始有了一个新的发展趋势。所以要试着去寻找这样的股票成交量大幅度增加的现象，这样的现象通常会使股票的成交量比平时高出50%～500%。

反转点通常会在一个长期的趋势运动之后出现，这也是利维摩尔认为耐心对于成功地捕捉股市的变化如此重要的原因之一。在反转点出现后，还必须耐心地等到它得到进一步的证实，对此，利维摩尔制定了如下一套测试过程：

首先，他会做一次尝试性的投资，先购买少量目标股票，如果成功了，他就会继续进行第二次的投资，本书将在"完善资金管理"一章中详细讲解这一策略。

除了上面这种测试方法外，利维摩尔还会用到另外一种测试法。在第二种测试法中，他使用了他的按部就班交易模式，并且观察行业组的发展趋势。通常要同时注意行业组中的两只龙头股，观察它们的发展方向是否与目标股票的一致，这是对他所做决策进行判断的最后一步（见图4.3）。

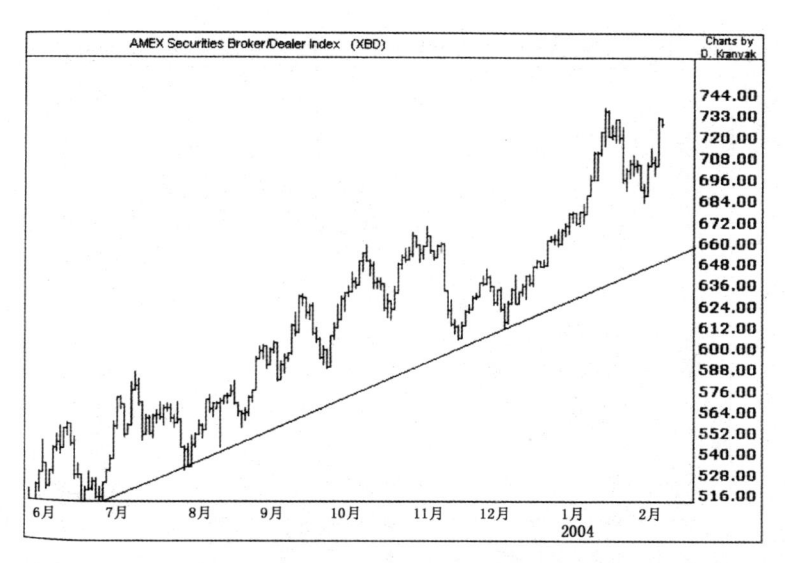

图 4.3 在使用按部就班的交易模式时,利维摩尔会观察整个行业组的发展趋势,通常会同时注意行业组中的两只绩优股,观察它们的发展方向是否与目标股票一致

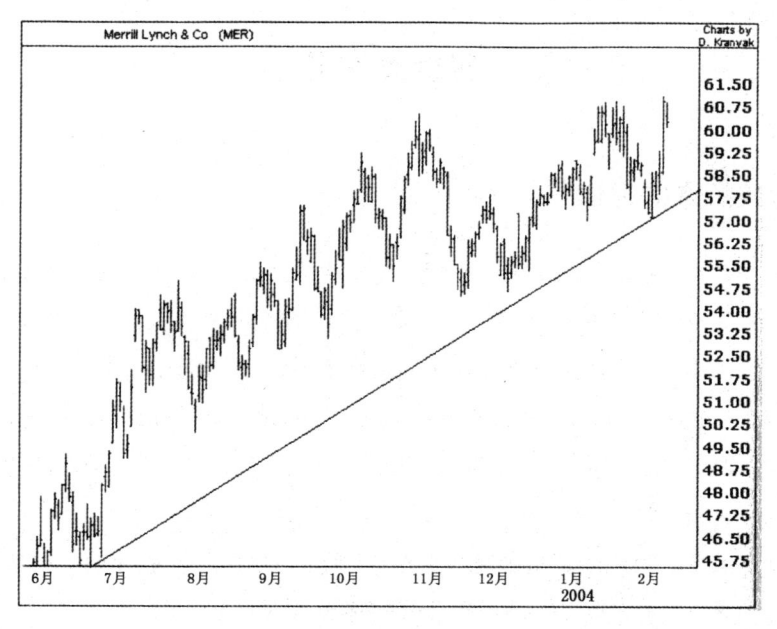

图 4.3(续)

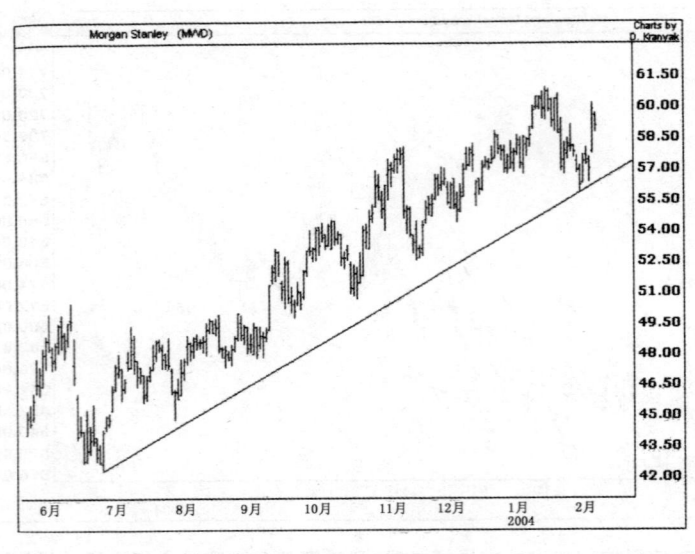

图 4.3（续）

转折点交易

对连续转折点的评估

在利维摩尔的转折点理论中,转折点被分成两大类:第一类是我们之前已经讨论过的、被称为"反转点"的转折点;而第二类被他称为连续转折点。

要知道,反转点的出现表示股市的走向发生了明确变化;而连续转折点的出现则证明了这种走向的变化是正常合理的,连续转折点通常出现于个股在趋势运动过程中的自然回调中。形态在形成中会显示支撑线或阻力线。交易者必须耐心地等待,直到确定形态进入支撑区域。如果突破后下跌,下次上涨时这也许是阻力线的区域。

正如之前多次提到的那样,绝对不要试图去预测市场的走向,而是耐心地等待,让股票的实际表现来告诉你想知道的一切。连续转折点是股票上涨的一个特殊的、潜在的起点——它很可能暗示你可以进一步增加该股票的持有量。当然,在补仓之前,必须确定股票能够延续之前的走势;如果不能延续之前走势,就很有可能表明应该清仓了!

利维摩尔将连续转折点看成股票实力的一种加强与巩固。因为在这一点上，股票会在它的上升过程中做短暂的停留休整，这使得股票有机会得到进一步巩固，从而使它的收益率和成交量符合目前的价格水平，通常这是股票发展过程中的一个自然回调。但慎重的投资者通常会仔细地观察股票在这一点之后如何发展，而不是只凭自己的主观臆测。

对利维摩尔来说，股票价格的高低从来都不是他买进或卖空股票的决定性因素，股价再高也可以买进，同样股价再低也可以卖出，他会依据连续转折点的具体表现，来决定是投资另外一只股票还是在原来的股票上进行补仓。如果一只股票已经不适合进一步投资了，那就赶快放手吧！

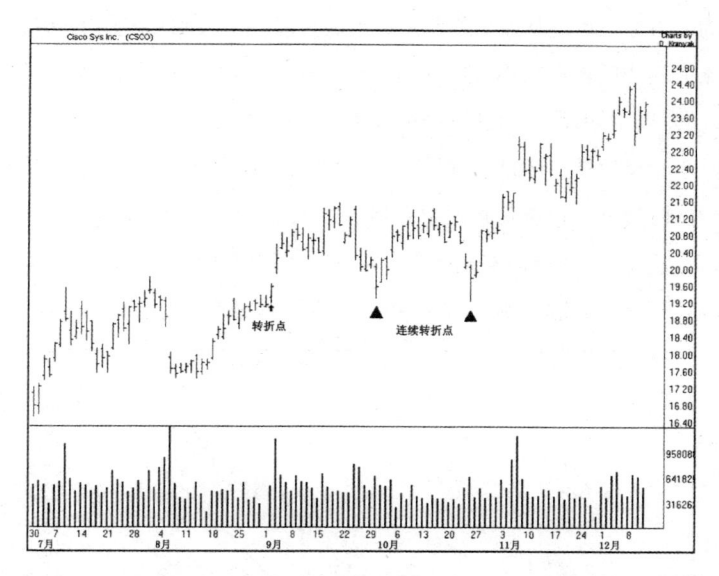

图 4.4　通常连续转折点的出现是股票发展过程中的一个自然反应，然而慎重的投资者应仔细观察股票在这一点之后如何进一步发展，而不是预测其走势

很多时候，利维摩尔宁愿等待股票重组并形成新的连续转折点，然后才投入更多的资金，因为只有这样，才足够表明股票会沿着之前的方向继续发展；这会给他很大的信心。

同时，我们也可以用连续转折点理论来发现好的卖空机会。例如，利维摩尔会去找那些在去年创了新低的股票，如果这些股票形成了假转折点，也就是说，如果它们从这一低谷反弹之后，又一次下挫，并形成新的低谷，那就表明它们很有可能在这之后会继续下跌并再次形成新的低谷。

通过正确地捕捉反转点和连续转折点,利维摩尔能够在某一趋势刚开始就以正确的价格买进第一批股票,这种方法确保他立于不败之地,免受日常股市波动的影响,使其自身财产免受损失。因为即使之后股票的发展偏离了转折点,利维摩尔的风险也只限于赚多赚少的问题,因为在交易的一开始他已经盈利了,这样他的原始资本是不会受到影响的。

在早些年,利维摩尔也有过因为在错误时刻买进股票而蒙受损失的经历,但正是这些经历帮助他形成了这一套独特的转折点理论。几乎可以这么说,在早些年的投资中,他很少有盈利。如果投资者在转折点出现之前就买进股票,那么他可能行动过早了,这很危险,因为一只股票可能从始至终都不会形成可以完全表明它走向的转折点。但要注意,如果以比最初的反转点高出 5％~10％的价格买进股票,可能就太晚了！因为这时股票已经处于发展中期,所以可能已经失去了投资优势。

转折点(不管是反转点还是连续转折点)是在交易过程中想要获取成功唯一需要知晓的信息。在此过程中,投资者必须要有足够的耐心,因为一只股票历经合理和自然的发展过程并形成正确的转折点需要耗费很长一段时间(见图 4.5 和图 4.6)。这是一种自然事件,不受投资者意志的控制,所以投资者一定要有足够的耐心！

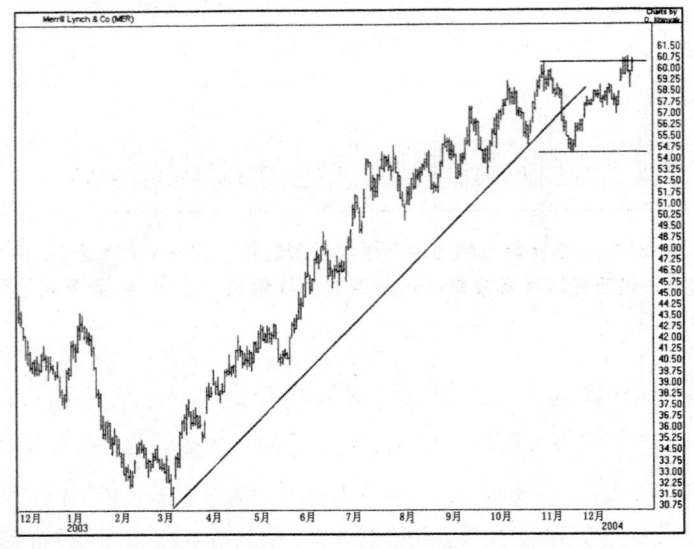

图 4.5　转折点(不管是反转点还是连续转折点)是你在交易过程中想要获取成功唯一需要知晓的信息

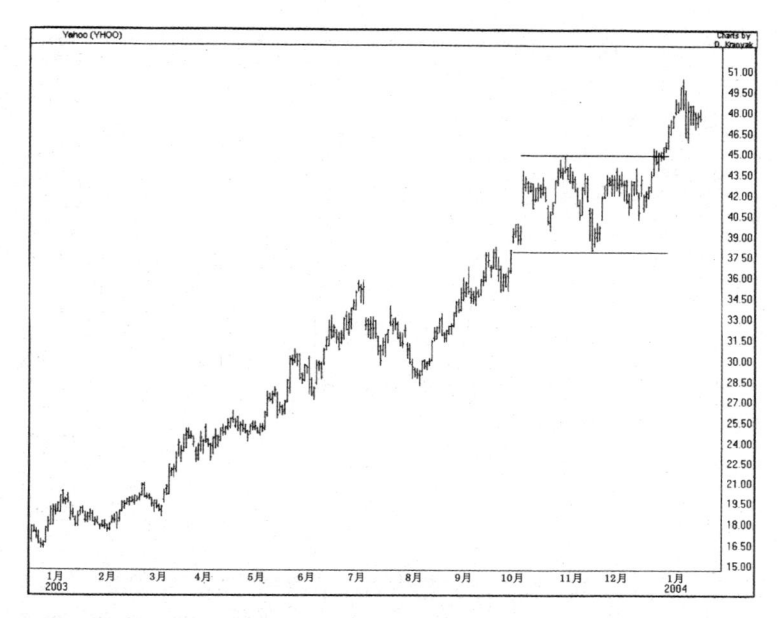

图 4.6 这张股票走势图上也出现了一个转折点。投资者们必须要有足够的耐心,因为一只股票历经合理和自然的发展过程并形成正确的转折点需要耗费很长一段时间,这是一种自然事件,不受投资者意志的控制

只在转折点出现时才进行交易!每次当我有足够的耐心并在转折点出现时才进行投资,我总能赚到钱!

——杰西·利维摩尔

利维摩尔认为,通常股票动向的大部分都在交易的最后两周上演——他将其称为最后的加价期,这一点在商品交易中同样适用。所以,这里还是要求投资者要有足够的耐心,而当市场出现任何提示信息时,无论是好还是坏,投资者都要非常警觉,并根据自己接收到的信息做出相应的买进或卖出股票的决策。

理解趋势线和转折点的含义

趋势线是股票交易员早就开始运用的分析工具,它们简单易懂、可靠有效,并且可以结合利维摩尔的理论一起使用。关键是,投资者们要会区分,这一趋势线表示的到底是股票基本走势的根本变动,还是只是市场的一个自然反应(见图4.7和图4.8)。

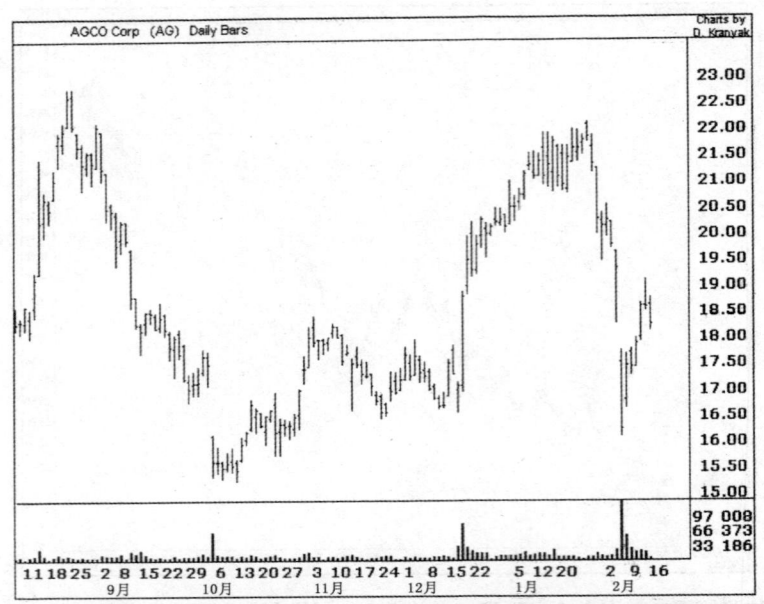

图 4.7 趋势线形成于股票交易形态中的较高点和较低点之间,如果趋势线被打破,股票行情有可能会大规模爆发

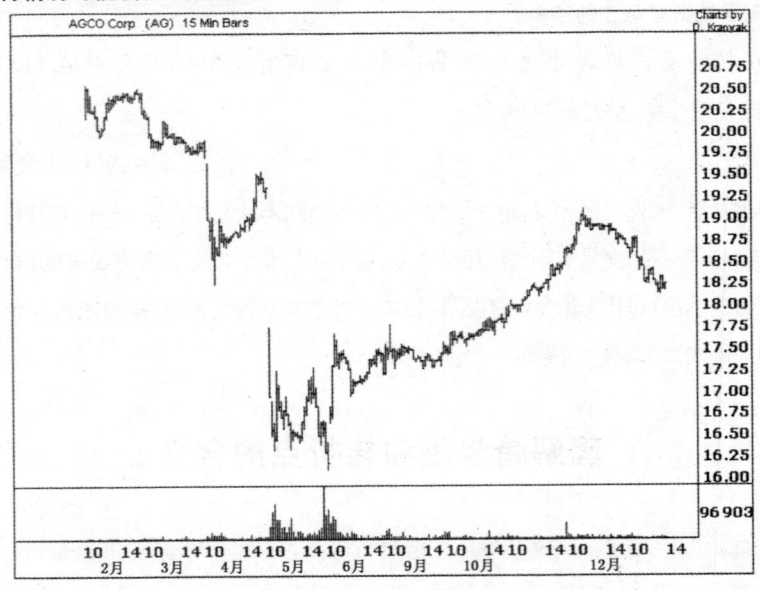

图 4.7(续)

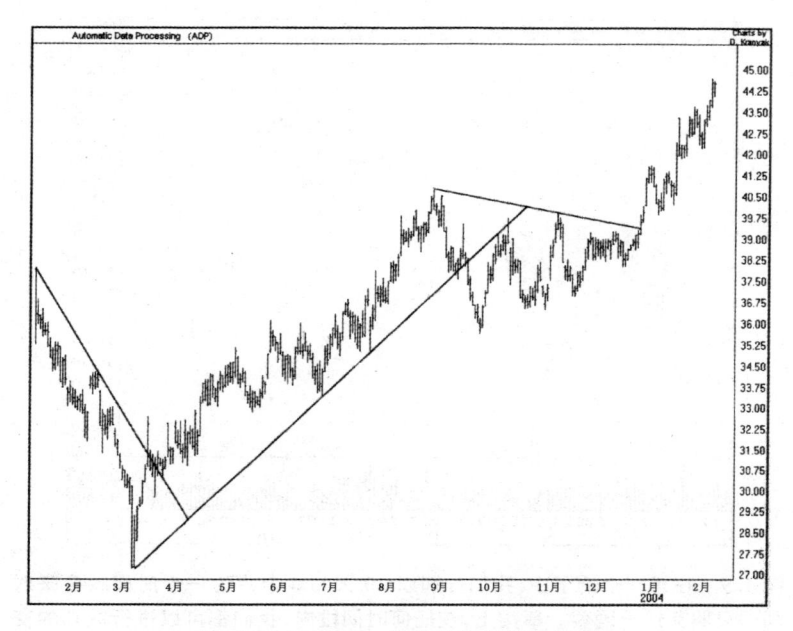

图 4.8　这是另一个有关趋势线的例子

通常,趋势线形成于股票交易形态中的较高点和较低点之间,它表示股票交易情况的运动轨迹,这一轨迹为投资者提供了支撑线和阻力线的整体信息。支撑线通常是前期的低点,导致股票价格在此得到支撑。阻力线则正好相反,它表明股价上升至某一高度时,有大量的卖盘涌出,从而使股价的继续上涨受阻,甚至价格出现回落,再次回到了低谷状态。

通常,如果趋势线被突破(在此说明,向上和向下的突破都是有可能的),那么之后应沿着该突破的方向来投资股票。值得注意的是,在任何时间点上,都有可能形成趋势线。

图 4.9 和图 4.10 中,我们分别以 10 天和 6 个月为一个时间跨度,对两只股票进行观察。事实上,在任何时间段内,我们都可以进行成功的交易。通常,一只股票的不稳定度与观察它的时间跨度有直接联系。时间越短,比如一天,股票的移动就越反复无常。

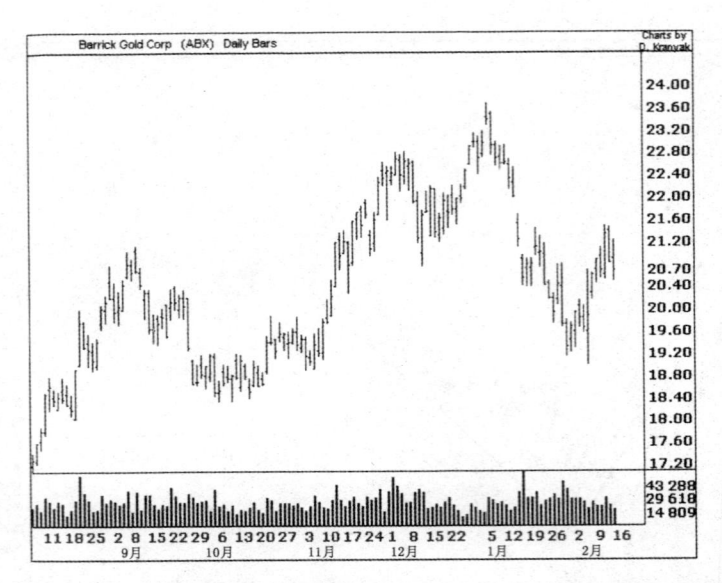

图 4.9 在第一个例子中,我们分别以 10 天和 6 个月为一个时间跨度来对同一只股票进行观察。事实上,在任何时间段内,我们都可以进行成功的交易。通常,一只股票的不稳定度与观察它的时间跨度有直接联系。时间越短,比如一天,股票的移动就越反复无常

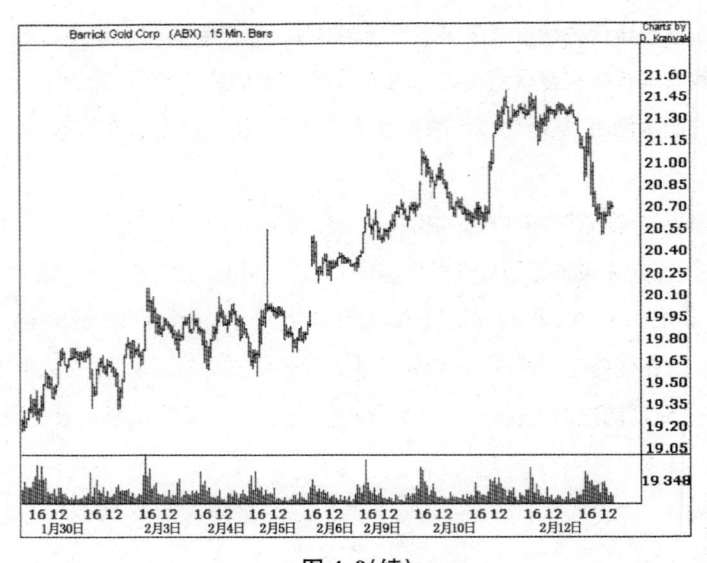

图 4.9(续)

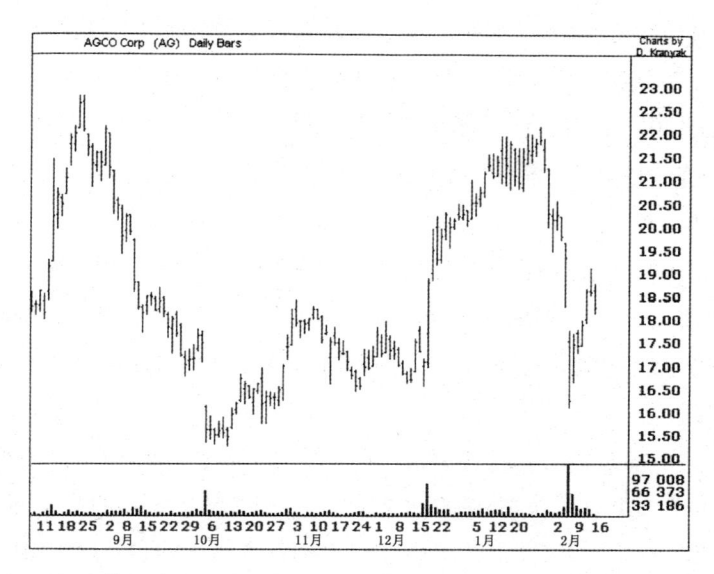

图 4.10 在第二个例子中,我们还是分别以 10 天和 6 个月为一个时间跨度来对同一只股票进行观察。事实上,在任何时间段内,我们都可以进行成功的交易。通常,一只股票的不稳定度与观察它的时间跨度有直接联系。时间越短,比如一天,股票的移动就越反复无常

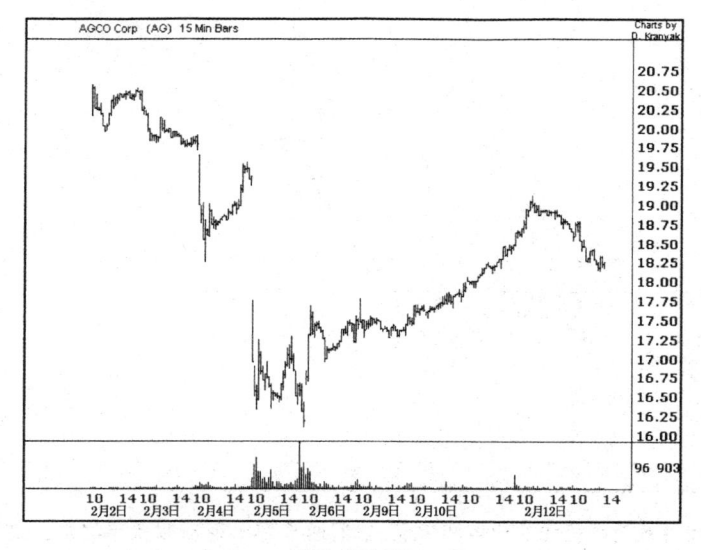

图 4.10(续)

由于趋势线在任何情况下都存在，而且使用起来也非常简单，因此很多投资者通常不会在这上面花很多时间和精力。但在利维摩尔看来，这种做法实际上是非常不可取的，因为趋势线可以帮助投资者了解股票背后的那股力量究竟是助它上涨、下跌还是震荡，并且还清楚地指明了股票的发展轨迹。一旦股票偏离了这一轨道，投资者们就能够很容易地发现这种变化。

　　值得注意的是，在这一过程中，利维摩尔并不使用图表，而是使用他那些复杂的数学方程式（详见第十一章）。但现在，在解释利维摩尔交易体系的细节时，我们通常会用到图表，因为对投资者来说，图表信息容易获得并且更容易理解，而且在使用效果上也已有了很大的改进。

　　正如之前所说的，反转点是趋势线的起点和终点，因为它们通常都出现在股票走势发生逆转的时候。图 4.11 反映的是纳斯达克股票指数的情况，在图中的箭头处明显出现了 11/12 月的反转点，在关于百思买的图 4.12 中，也可以清楚地看到 11/12 月出现的转折点。

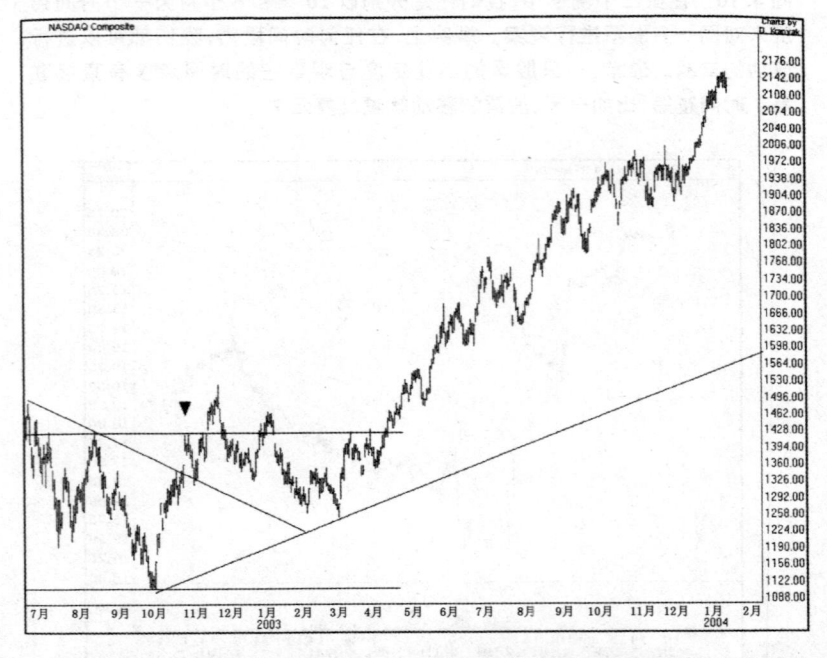

图 4.11　反转点是趋势线的起点和终点，它们通常都出现在股票走势发生逆转的时候。该图反映的是纳斯达克股市的走势，在图中 11/12 月的箭头处明显出现了一个反转点

图 4.12　反转点是趋势线的起点和终点,它们通常都出现在股票走势发生逆转的时候。该图反映的是百思买的走势,在图中 11/12 月处明显出现了一个反转点

而连续转折点与反转点不同,虽然新的走势目前还尚未明朗化,但是它通常表示这一走势即将形成。对投资者来说,连续转折点的出现是观察股票下一步走势的绝佳机会。在图 4.13 中,我们可以看到,美林证券公司的连续转折点出现在 8/9 月,在这之后,其股价一路攀高。在关于威瑞信(Verisign)的图 4.14 中出现了两个连续转折点,分别是在 11/2 月和 6/12 月之间。

只要稍加练习,投资者就可以很快学会如何绘出这些趋势线,这可能会带来丰厚的回报。当连续转折点出现时,投资者必须要学会与自己进行思想斗争,不把自己的逻辑强加于当前的股市形势之上,不对股市的走向做无谓的预测;必须学会控制自己不随便采取行动,耐心等待股票的发展趋势得到充分的验证。即使有时这会使你损失掉几个点,但你不得不这样做。

从图 4.15 和图 4.16 中,我们可以看到趋势线是如何形成并如何绘制出来的。像利维摩尔这样的投资者,通常会找那些波动率较低的呈现某种趋势的股票。第一张图中的美林证券就是一只趋势型股票,我们可以很容易地找出它的转折点,并在这一点上进行交易。而第二张图中的微软则显得变化无常,基本上没有任何趋势和明显的走向可言,让人感到一头雾水。

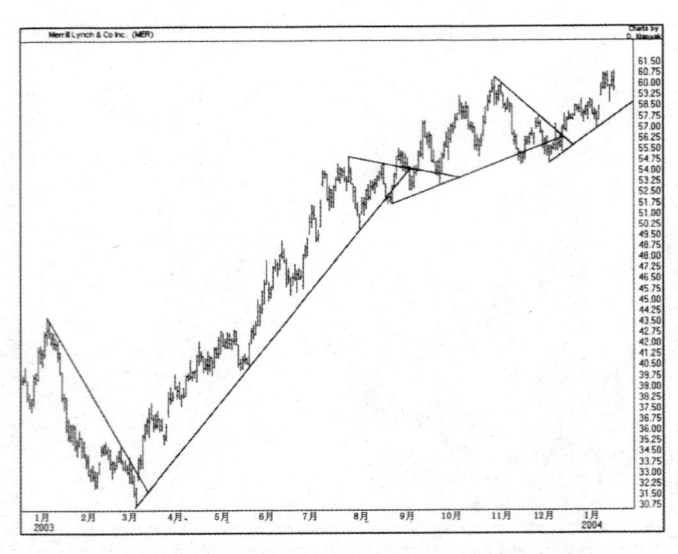

图 4.13 连续转折点的出现是观察股票下一步走势的一个绝佳机会。从该图中我们可看到,美林证券公司的连续转折点出现在 8/9 月

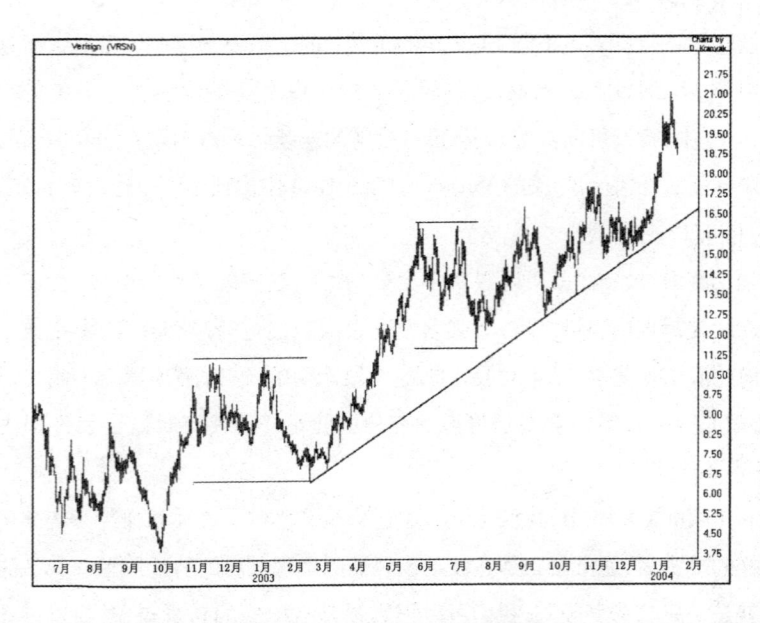

图 4.14 在该图中我们可看到,威瑞信出现了两个连续转折点,分别是在 11/2 月和 6/12 月之间

图 4.15 美林证券是一只趋势形股票,我们可以很容易地找出它的转折点,并在这一点上对其进行交易

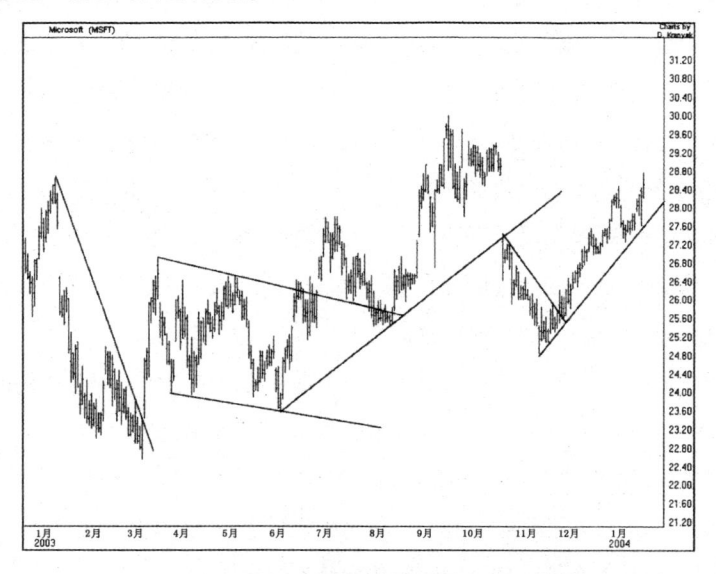

图 4.16 微软基本上没有任何的趋势和明显的走向可言,让人困惑

其他的循环形态

波峰与单日反转

利维摩尔对于他所关注的股票在价格和成交量上的任何异常现象都会非常谨慎和敏感。有时,股票在价格上会出现一个波峰,随之而来的便是股票成交量的异常猛增,通常会比每天平均水平高出50%,这种现象就是我们所说的单日反转或交易高峰。它们就像一个红色信号灯,提醒我们股票将会发生走势上的变化。

对利维摩尔来说,股票严重偏离其应有正常反应的现象,都是值得注意的异常情况,因此他将股票在价格上出现的波峰、成交量的过多或过少等都看成股票的异常现象。在他看来,这些很有可能都是危险预警信号;在很多时候,它们意味着该结束交易了。

同压力锅的原理一样,股票在价格上出现波峰,通常是由于那股长时间蓄积在股票内部的力量所造成的。而这之后,关键是观察股票的后续发展,从而知道下一步该采取什么样的行动。通常,这些价格波峰的出现表示推动股票发展的那股力量几乎已经消耗殆尽了!因此这些价格波峰通常出现在股票运动的最后阶段,就如同临终前的最后一次喘息,它们对于那些精明的投资者来说,将是非常有用的提示信号。

在利维摩尔看来,单日反转(见图4.17)是一种值得重点关注的有用信号。

当一只股票当天的最高价高于前一天的最高价,其成交量也多于前一天的水平;但其当日收盘价却低于前一天时,我们就认为发生了单日反转现象。

在利维摩尔看来,这种戏剧性的变化是一个潜在的危险信号。因为在它的上升过程中,股票延续了它的发展趋势,一切都非常自然。但突然,在它身上出现了一个非正常的、偏离原先发展轨道的现象……仅在3天之内,股价就上涨了15点,其成交量迅速增加。这表明,之前的形态已经被打破了!在这种情况下,即使股价上涨了,它也远不是一个正面的信号,而是一个需要加以密切关注的危险信号!

利维摩尔认为,当你在耐心等待股价逐步上升的过程中,碰到了单日反转现象时,要有足够的勇气针对这一危险信号及时采取正确的行动,该考虑是否应该卖出该股票,因为很显然股市中出现了预警信号。

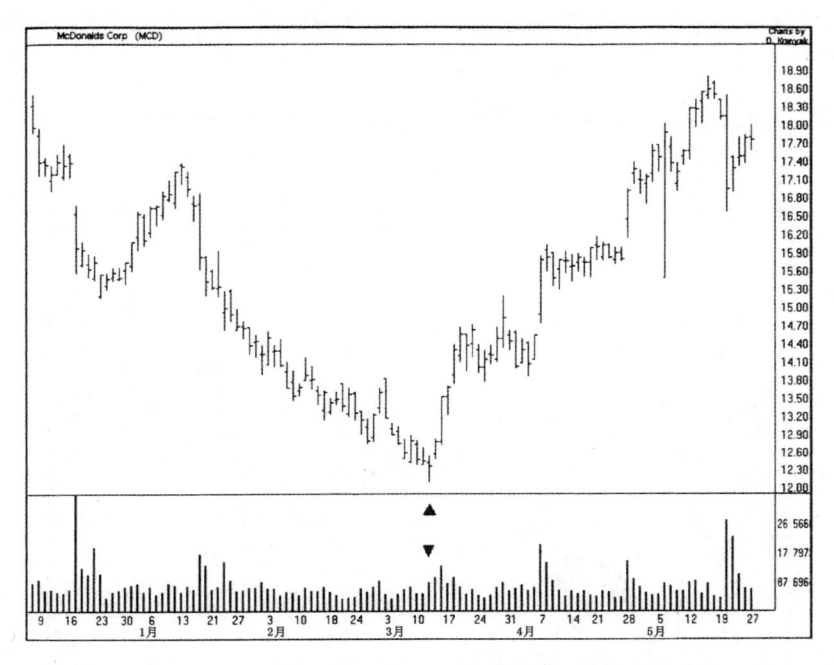

图 4.17 当一只股票当天的最高价高于前一天的最高价,其成交量也多于前一天的水平;但其当日收盘价却低于前一天时,我们就认为发生了单日反转现象

在盘整基础上突破

在股价持续上涨或下跌之前,通常需要一段时间来筑底,使股票有时间进行休整,并使其销售额和盈利与它的新估价值相匹配。虽然其形成方式与长期连续转折点有所不同,并且通常需要花更多的时间,但在很多方面,它的作用却与长期连续转折点相一致。

当盘整时,投资者们必须要有同对待连续转折点一样的耐心——不要进行无谓的主观预测,宁可让股票自身来告诉你,它会朝哪个方向发展。

我们将盘整的一般形态称为"碟形"(saucer pattern),它表示一种进展缓慢、但持续时间较长的筑底形态。在其发展至完全成熟期间,它形成了一种长期的、循序渐进的趋势变化。当投资者观察到一条明显的弧线,而弧线最低点的交易量变化幅度不大时,就可以判定这一形态已经出现。

精明的投资者们应该很容易就观察到图 4.18 中朗讯科技(Lucent Technologies)的

三个方框区域,它们表示该股票在盘整,其中后一个方框都比前一个拥有更高的价格水平。

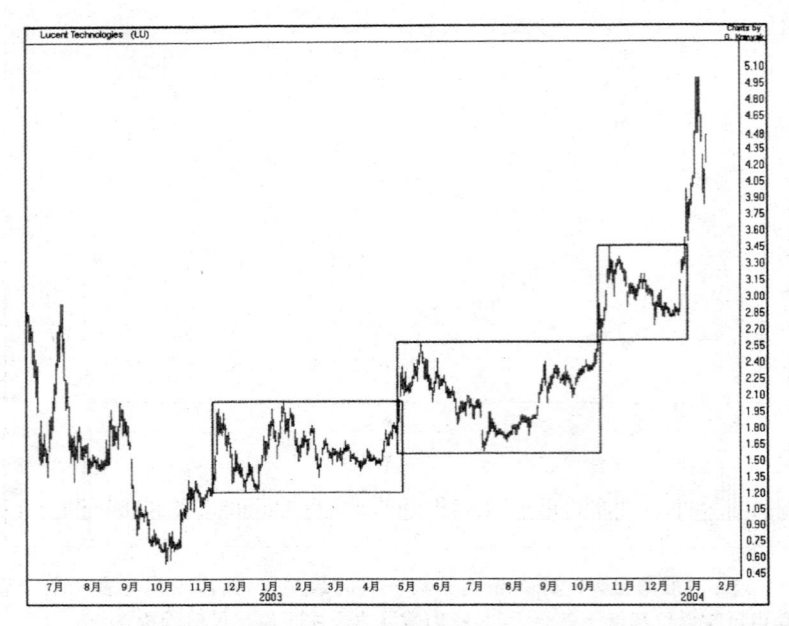

图 4.18 我们将盘整的一般形态称为"碟形",它表示一种进展缓慢、但持续时间较长的筑底形态。在其发展至完全成熟期间,它形成了一种长期的、循序渐进的趋势变化。当投资者观察到一条明显的弧线,而弧线最低点的成交量的变化幅度不大时,就可以判定这一形态已经出现

正如之前所说的,如图 4.19 所示的形态与连续转折点非常相近。这时的买方和卖方都势均力敌,股票会暂时停滞不前,或者变得疲软,然后等待下一步盘整,为下一次的趋势积蓄能量。这样的盘整现象通常出现在长时间的股市下挫或上涨结束之时。而这里,我们的核心规则依然适用,那就是:不要主观地去预测股市的下一步发展,而是耐心地等待,让市场本身来告诉你它将上涨还是下跌。

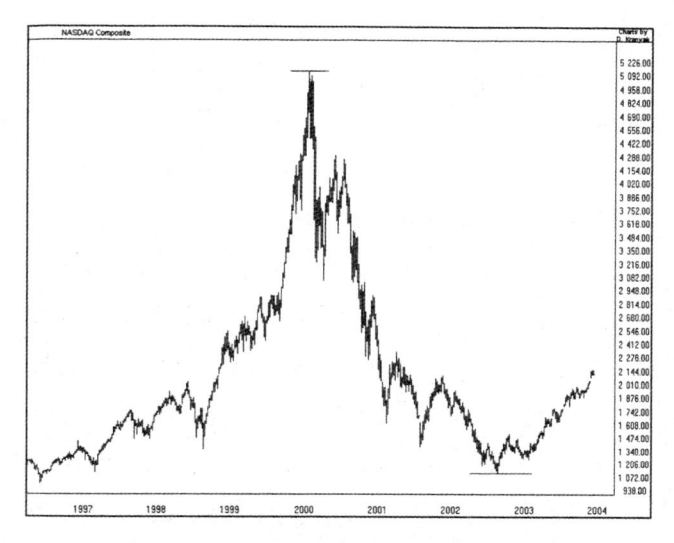

图 4.19 当买方和卖方势均力敌时,有可能会出现连续转折点。在这个时候,股票会暂时停滞不前,也有可能变得疲软或得到进一步盘整,为下一次的移动积蓄能量。这样的盘整现象通常出现在长时间的股市下挫或上涨结束之时。而这里,我们的核心规则依然适用,那就是:不要主观地去预测股市的下一步发展,而是耐心地等待,让市场本身来告诉你它将上涨还是下跌

在新高点或新低点上突破

利维摩尔最先意识到,达到新高点的股票很有可能会在之后开始下跌,并出现异常的移动轨迹,这一现象背后隐藏着获取巨大利润的可能性。可惜,正如利维摩尔常说的那样,在股市中,人们通常会忽略就在他们眼皮底下的大好机会。

利维摩尔的天才之处就在于他对行业组运动、转折点和新高点的敏锐观察,以及将这些要素完美地融合在他的交易体系中。

虽然其他人也有可能做了同样的观察,但他们未必会在他们的交易过程中真正用到这些信息。事实上,你会发现,很多投资者其实都缺少一个前后一致的有效体系,他们总是依赖于自己的直觉或者分析师、经纪人和朋友等的建议,甚至于听信占星家的建议。

利维摩尔的推理总是非常简单、正中靶心。无论股票出现了新高点还是新低点,对利维摩尔来说,都有可能是好消息。为什么?因为在他看来,这意味着股票已经摆脱了

原来的阻力或助力,所以从现在起,它很有可能会上涨。

之所以要关注这一形态,是因为利维摩尔注意到了一个很简单的道理:没有人会乐意以亏本价卖出他们的股票,所以如果错失了在前一个较高点卖出股票的机会,那么无论行情如何,投资者都会坚守股票直到股价反弹;若是他们足够幸运,股价真的反弹了,他们就会迅速地抛出手中的股票以弥补原先的损失。因此,在利维摩尔看来,当股票创新高时,几乎所有的投资者都会将手头原先的股票卖出去。当大部分人在清仓时,利维摩尔却在大量买进。因为正是在这个时候,股票很有可能将会有一轮新的走势。

相反,在股价下跌过程中,新低点意味着投资者们开始放弃这只股票,正在极力摆脱它,以获得最后的一点补偿。这通常会导致股票迅速下跌,但也有可能会在筑底,这跟我们之前说的单日反转非常相似,只是这里是在下跌的情况下。而在这之后,股票通常会走出低谷,然后出现一个反转点,进入一轮新的上升趋势。通常一些有洞察力的投资者会在这个时候改变其最初立场,在这只股票上改做长期投资。

虽然这听上去很容易,但几乎所有的投资者都会告诉你,这实施起来并不简单。因为通常直觉告诉我们,应该在高价的时候卖出股票,在低价的时候买进股票。但在上述情况下,利维摩尔的交易体系却告诉大家要反其道而行之,当股票再次创新高时,要以高价买进股票。

图4.20用具体的数字表示了在利维摩尔的交易体系框架下,股价突破创新高的过程。这里为了方便起见,我们使用了图表的形式。

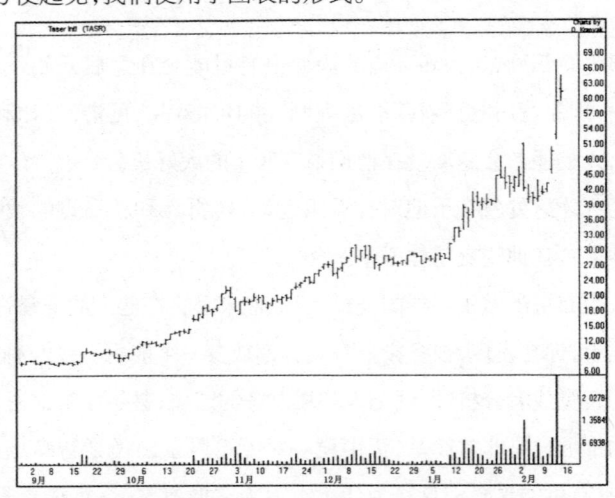

图 4.20 突破创新高,这是利维摩尔最看多的形态之一

没有人知道，为什么股价会不断地创新高。利维摩尔将它归结于人类的自然本性，由于人类始终无法摆脱贪婪、胆小、漠视和奢望的本性，因此长期以来，我们在股市中的行为模式实际上并没有发生多少改变。这就是为什么这些形态和过程一直反复出现的原因，它们从根本上就是人类情绪的一种反映。

成交量指标的重要性

在利维摩尔刚开始从事股票投资事业的时候，他就已经敏锐地意识到了股票成交量这一指标的重要性，成交量是判断转折点和其他一些重复出现的形态的一个重要依据。利维摩尔认为，股票成交量上的巨大变化是一个表明股票偏离其正常运行轨迹的明显信号。但成交量到底是源于囤积行为还是抛售行为呢？在判断这个问题上，利维摩尔可谓是专家，他对此颇有见地，因为他很清楚那个时代的那些共同基金管理者是如何抛售股票的。他们像利维摩尔一样是股票交易方面的专家，他们通常负责抛售内部人的股票，而这些内部人经常会囤积他们自己的股票以达到有效控制股票抛售情况的目的。

那么他们是如何具体实施的呢？实际上，他们当时的做法与我们现在的那些共同基金管理者的做法也相差无几，他们不断抛售股票，股价就不断下跌，而绝对不会上升。理由很简单，因为人们从来都不会心甘情愿地接受眼前的损失，因此，当股价下跌时，公众都倾向于继续持有股票，直到股价再次恢复到他们先前购买时的价格水平。而一旦等到这个时候，他们便会毫不犹豫地抛售手中的股票。这也是为什么很多股票在回到原来的价格水平之后会开始迅速下跌，其背后的原因就是，由于那些在这一价格水平购进股票的投资者正在大量卖出他们的股票，以期能够收回他们的投资成本。因为在这之前，他们已经在股票下跌时受了不小的惊吓，所以当原先的投资成本可以收回来时，他们也就非常满足了。

精明的投资者知道，股票成交量的变动实际上是一个非常值得关注的预警信号。这一变动通常暗示了某种变化或异常情况正在酝酿之中，因此，股票在成交量上的变化通常会引起利维摩尔的极大关注。观察到这种变化之后，利维摩尔会考虑究竟这一变化是股价下跌的前奏，还是由于投资者们确实对这只股票感兴趣，抑或是因为有人正在收集筹码，以期拉高股价。

但利维摩尔从来都不会花时间来寻找导致股票成交量上升的原因，他只遵循一条原则，那就是：成交量的变化是一个值得关注的预警信号；而变化的背后原因不是他需要考虑的范围，因为他很清楚，这些原因总有一天会暴露出来，但到那时在这只股票上赚钱的时机已经过了。

相反，如果股票成交量很大，而股价并没有什么变化，并且股票当前的变动状态也没有一个明显的延续趋势，对于这种情况，投资者们就要非常注意了。因为这通常表明股价已经达到顶峰，针对它的囤积行为也即将结束，之后这只股票就将进入抛售阶段。

注意：当股票从势力较强的投资者手中转到势力较弱的投资者手中、从专业操盘手转移到普通公众手中、从囤积状态进入抛售状态时，通常表明某一轮市场运动的结束。这种由股票庄家引起的市场变动通常会误导公众，让他们以为这种成交量上的变化并没有表明市场已经到达高峰或者低谷，而是一个活跃的、健康的市场应该经历的过程。

而事实上，股票变化的最后时期应该是卖出流动性较差或者持股量较大的股票的大好时机。在利维摩尔看来，试图等到股价达到最高点或最低点的时候再进行交易的想法是非常不可取的。他认为，比较明智的做法是，趁市场上升趋势尚且强劲、股票还有足够的成交量时就将其脱手。在股价下跌时同样也是如此，在股价大幅下跌时做卖空交易是最合适的。

利维摩尔对股票在成交量上发生的变化一直都很敏感，他将这看成表示整个市场或单只股票的主要变动已结束的关键信号。此外，利维摩尔还注意到，在某次长期变化的最后阶段，股票很有可能会突然走高，然后带来大规模的成交量，但之后，其上涨过程又会戛然而止，尔后急转直下，直至最后消耗殆尽。在新一轮市场冲击开始之前，它是不可能再有新的上涨趋势的。

正如之前我们所讨论的，有两种不同的交易体系供投资者选择。第一类投资者认为股票市场是一个完全理性的地方，买方和卖方都以股票的实际价值作为衡量标准来买进和卖出股票。这些投资者相信股票的市场价格是对公司盈利能力、现金流、资产负债表情况、生产能力和未来市场前景的真实反映。

一旦他们认为股价是对股票潜在盈利能力及公司业绩所有方面的真实反映，他们就会试图找出无数理由来支持他们对未来股价会上涨或下跌的预测。但所有的这一切都是基于这些投资者们认为，股市是一个有序且理性的市场这样的前提条件。如果市场的发展与他们的预期相违背，那么他们就会简单地认为，这有可能是因为他们对市场具体情况的分析发生了错误，或者是在考虑的过程中遗漏了某些相关要素。

而另一类投资者就是像杰西·利维摩尔这样的，认为股市就是由交易者组成的、极易受到人类情绪弱点影响的市场。在利维摩尔看来,人们在股市中的大部分行为模式并不是建立在逻辑基础上的,它们都受其情绪的影响和支配。投资者通常都会根据自己的情绪变动来采取行动,而不会做太多的理性思考。因此,利维摩尔认为,投资者必须学会利用市场中的这些情绪变化,要顺着它们的方向采取相应的行动,而不要违背它们,也不要试图对其做理性的分析解释,这些都是徒劳的。

这一理论通常被称为技术分析,通过使用图表、形态识别和数学算法等试图对股市及单只股票未来的价格走势做出预测。技术分析中的一个关键要素就是假定所有影响股价的主要因素、相关的一些基本信息,如政治事件、自然灾害、人事变动、盈利报告以及其他的一些心理要素都会被实际的股票市场所吸收,并很快地将它们反映出来。

换句话说,就是利维摩尔认为所有的这些外在要素的影响都会很快地反映在股票上,当然主要是反映在股票的市场价格上。所以,通常我们所要找的答案就在股票的走势图上,投资者只要关心股市中实际发生了什么就可以了,而用不着去预测未来会发生什么。

事实上,股票价格的决定方式同公开拍卖非常相似。拍品的价格由拍卖者实际愿意出多少价格来决定,很多人可能并没有很好地理解这一概念。有时候他们会感到疑惑,为什么同一只股票在中午时还值 20 美元,可到了 14:00 就只值 15 美元了呢?这正是因为股票在任何时刻的价格都是由投资者愿意出的价格来决定的。

利维摩尔最喜欢的一本书是 1841 年出版的查尔斯·麦凯(Charles Mackay)的《非同寻常的大众幻想与集体疯狂》(*Extraordinary Popular Delusions and the Madness of Crowds*),该书讲述了关于约翰·劳(John Law)、密西西比土地泡沫以及郁金香狂热的故事,在 17 世纪,一株郁金香竟然能够换得 4 头公牛、8 头猪、12 头羊、两大桶红酒以及更多其他的东西。这本书也是利维摩尔的好友、另一个顶级股票投资家——伯纳德·巴鲁克(Bernard Baruch)——的最爱,他也是为数不多的几个在 1929 年的股市崩盘中拥有良好表现的股票投资者之一。

在对股票做最后的分析时,投资者们只需关注两件事——股票的价格高低和股票的成交量。记住,在一个交易日结束时,所有的事都归结于价格和成交量这两个因素。投资者所有的情绪变动、做过的所有预测都已经成了过去时。事实上,所有的投资者在同一时间能够获得的关于股市的关键信息都是一样的。可是在这一过程中,偏偏有人赚钱了,有人却赔钱了。在利维摩尔看来,实际上我们要找的所有问题的答案都在我们可以得到的这些信息之中。如果投资者不能发现它们,那就表明,他应该暂时停止股票交易了,直到有一天他能够很容易就找出它们的时候才重新进行交易。至于为什么整个股市或单只股票会这样或那样发展,这个题目对所有人,包括电脑或任何程序来说都太宽泛、太复杂了。

有许多技术型投资者并不像杰西·利维摩尔那样重视股票成交量这一指标。但实际上,在许多关键时刻,股票的成交量都是一个值得仔细研究的关键要素。

对于那些倾向于投机的交易者,利维摩尔的建议是,他们应该将其投机行为当成一项真正的事业来对待,而不仅仅是纯粹的赌博。在利维摩尔看来,投机本身就是一项事业,参与到其中的人应该尽其所能,利用各种方式获取信息,从而研习和领会这项事业。

利维摩尔曾这样对他的一个朋友说:"在过去的40年中,当我将投机当成一项成功的事业来做的时候,我发现了一些可以运用到这项事业中的准则,并且现在我还在继续建立更多的准则。"

第五章

完善资金管理

资金管理是令利维摩尔着迷的三大核心问题之一,资金管理加上时机与情绪控制,构成了利维摩尔交易体系的主要支柱。

利维摩尔在资金管理方面秉承五项原则。多年来,他试图给他的两个儿子阐明他那一整套交易理论,资金管理是其中的一个重要组成部分,但是儿子从未对父亲有所回应,他们对股票市场不感兴趣。

下面这段话摘自理查德·斯密腾所著、由约翰·威利父子(John Wiley & Sons)公司出版的《杰西·利维摩尔——世界上最伟大的股票作手》。

某日,利维摩尔将两个儿子叫进位于长岛"永远"(Evermore)的图书馆。他坐在大书桌后,让孩子们坐在前方,他俯身向前,从口袋中抽出一沓钞票,挑出10张面额为1美元的纸币,接着他又挑出10张,将钱折成10美元一扎,递给两个儿子每人一份。

孩子们握着手中的钱,端坐着望向父亲。

"孩子们,你们永远都得把钱折好,放在左边的裤子口袋里,放手去干吧,这些钱给你们了。"

孩子们听从了父亲的吩咐,将折好的钱放在左袋中。"你们瞧,扒手总想把别人的钱包搞到手,钱包一般都放在后边的口袋中。他们会从后边走近你,想法子掏空你的右前袋,因为大多数人都是右撇子。我说的这些你们都明白了吧,孩子们?"他问道。

孩子们点点头。

利维摩尔继续说道:"很好,这就是为什么你们得把纸币放在左袋中。你瞧,假如一个扒手想掏你左边的口袋,会很容易碰到你的蛋蛋,你就会有所察觉。"

孩子们面面相觑。

父亲继续说道:"孩子们,千万别丢钱,这就是故事的寓意所在。把钱放在紧挨着蛋蛋的位置,不要让任何人靠近它。"

资金管理法则一:不要一次押完所有赌注

利维摩尔喜欢将其称为探测体系。不要丢钱,不要失去赌注,不要丧失底线。没有现金在手的投机者就好比没有存货的店主,现金是你的存货、你的救生索、你最好的朋友——没有钱你在商界就无立足之地,千万不要跌破这一底线!

在利维摩尔看来,一口气买进所有股票是错误且危险的。相反,首先你必须确定需要交易的股票数目。举例来说,假如你的终极目标是购入1 000股,请遵循以下做法:

首先在转折点上购入200股——假如股价上涨,在转折点的范围内再次购入200股;假如股价持续上升,那就再买200股。然后看股票走势会有什么反应——假如股价上升势头不减或微调之后继续上涨,你大可以买入余下的400股。

非常重要的一点是:每次续购都必须以更高的价位成交。当然,这一原则同样可以应用于卖空,每多卖出一笔,价格必须有所下降。

这里的基本逻辑简单明了:根据1 000股这一终极目标确立的每一笔交易,都必须使投机者看到自己的前一笔交易已经盈利,每笔交易均能获益是投机者基本判断无误的铁证。股票的走势良好,这就是你所需要的全部证明。相反,要是赔了钱,你也可以立刻察觉到自己的判断出了差错。

对于经验不足的投机者来说,比较难以克服的一个心理关是:每多买一笔,就得付更多的钱。为什么?因为人人皆爱便宜货,交易成本水涨船高违背了人性,人们都希望低买高卖。

投机者在购入股票时也许会选择不同于利维摩尔的前三笔各20%、最后一笔40%的交易比例。例如,他们也许会选择,前两笔交易比例各30%、最后一笔40%。

总而言之,如何选择最佳比例取决于投机者个人,利维摩尔简单描述了最适合他自己的方法。资金管理法则主要是由三部分组成:

1. 不要一次押完所有赌注。

2. 等到你的判断得到证实后才有所行动,即每次续购都以更高的价位成交(以美元计算的平均价格)。

3. 在交易之初，精确核定在一切顺利的情况下所要购买的股票总额，或是具体计算出你愿意动用的资金数目；你得在交易开始之前完成这些工作。

资金管理法则二：投资损失不得超过 10%

利维摩尔将其称为投机商号法则，因为这是他年轻时在投机商号中学到的，那里每一笔交易都要求 10% 的保证金。根据投机商号的规则，如果股价下跌到保证金标准之下，交易者就自动出局。也就是说，假如损失超过 10% 的限额，你就将出局，并失去赌金。损失率不得超过 10% 已成为利维摩尔资金管理体系中最重要的原则。从某些方面来说，这也是一个有关时机选择的重要原则，因为在通常情况下，它将自动设定退出交易的时间——当损失达到或超过投资金额的 10% 时，你必须退出交易。另外，交易者必须在开始交易前严格设定止损点。巨额损失的后果通常是非常严重的——你必须赢回 100% 以弥补 50% 的损失（见表 5.1）。

表 5.1　　　　　　　　　　利维摩尔的损失率

起点 （美元）	损失数额 （美元）	剩余资金 （美元）	损失率 （%）	弥补损失所需 达到的利润率 （%）
1 000	80	920	8.0	8.7
	100	900	10.0	11.1
	200	800	20.0	25.0
	300	700	30.0	42.8
	400	600	40.0	66.6
	500	500	50.0	100.0

你得清楚这一点：当经纪人打来电话，告诉你他还需要更多资金以达到某只下跌股票的保证金标准时，你应当要求他抛售这只股票。假如你以 50 美元的价格购入某只股票，当其价格跌至 45 美元时，不要继续买进以摊低价格。股票走势不符合你的预期；这个迹象足以表明你的判断是错误的！尽快承担损失并退出交易。

记住：永远不要同意追加保证金，永远不要试图摊低损失。

利维摩尔曾多次在损失率达到 10% 之前退出交易，他这么做仅仅是因为股票走势从一开始就不对劲。利维摩尔告诉朋友们,本能时常会告诉他:"'我的杰西,这只股票里头存在不安定因素,它是一只差劲股;或者说,它就是让人感觉不对劲儿。'这样一来,我就会凭着危险的征兆卖出股票。"

或许这是利维摩尔的潜意识在起作用,这套思维体系将其之前审视过数千次的数字模式与排列提炼出来,然后将潜意识信号发送至大脑,在不知不觉中记录反复出现的形态并将其存储大脑中。或许这些形态都被刻印在潜意识中,一经识别就会被激活,无论如何,多年来的市场交易经验教会了利维摩尔重视这些本能。

他曾无数次注意到,人们常常会变成"被动的投资者"。他们买入的股票开始跌价,但他们宁愿蒙受损失也不肯卖出,他们更倾向于坚守阵地,希望所持股票最终能够重整旗鼓,这就是10%的损失率原则如此重要的原因。利维摩尔的忠告是:千万不要变成一名被动的投资者,尽快接受你的损失!不过,这说起来容易,做起来难。

如果利维摩尔在购入股票时有明确的预期,那么当股票走势不符合预期,价格没有如期迅速上升时,通常他会放弃该股票,将其卖掉。他从不回头——他不会因为糟糕的交易表现而反责自己,也不会因为后期股票价格回升而心中苦闷。不过,他经常研究交易记录,从而了解自己在什么地方出了差错。

资金管理法则三:始终持有现金储备

一名成功的投机者会始终储备现金,就像一名杰出的将军懂得保存军队实力,等待时机来临一样。当局势对己方有利时,他便会信心十足地调兵遣将,以取得最后的决定性胜利。

股票市场上的机会是源源不断的。假如你错失良机,请稍候片刻,保持耐心,第二个机会将很快到来。

利维摩尔将交易比作打牌——对他来说,这就好比是大赌注的扑克和桥牌。他相信人类总是本能地想要玩上每一把,永远置身局中的渴望是一个普遍的缺陷,也是投机者在资金管理时遭遇的最大敌人之一,它终将招致灾难,正如利维摩尔在其早期职业生涯中曾遭遇破产和财务困难一样。下列观察总结对于理解利维摩尔的交易体系是至关重要的。

在股票市场上,有时候不应动用资金,而是应该将其作为现金储备起来,等待进入市场的时机。利维摩尔相信,在股票市场中:

时间不是金钱

时间就是时间

而金钱也只是金钱

储备资金经常可以在适当的时机与适当的环境中得到应用,并创造出巨大的财富,耐心、耐心、再耐心才是成功的关键——而不是速度。若是能善加利用,时间将成为一名交易老手的最好朋友。

资金管理法则四:无论是买入还是卖出股票,都需要一个很好的理由

紧跟赢家的脚步——只要股票表现正常,就不要急着售出以赚取利润。你得知道自己的基本判断是正确的,否则你将一无所获。假如没有根本性的不良信号,那么就任其发展!它有可能为你带来巨额利润。只要整个市场和股票的状况没有令人担忧的理由,那么就任其发展吧——要有勇气坚守自己的信念,守住这只股票!

假如你在某笔交易中盈利,完全不必紧张。利维摩尔可以在单笔交易中持有10万股股票,同时像个婴儿般安然入睡。这是为什么呢?因为他在这笔交易中属于盈利方,他只不过在使用来自交易本身的资金,或者说是股票市场的资金。利维摩尔的态度是:假如所有利润都损失殆尽,那么他失去的是本来就不属于他的钱,因为在利维摩尔看来,在卖出股票换取现金之前,所谓的利润都不能算作钱。

利润会照看好自己——亏损则不然

永远不要将这种做法与"买入并永久持有"的策略混为一谈。交易者怎么可能预知在遥远的将来会发生什么?世事无常:生活、关系、健康、季节、子女、爱人无一不在改变,为什么最初促使你买入股票的基本情况偏偏一成不变呢?发售方是一家伟大的公司,属于一个强势的行业或者经济总体状况良好,基于这样的理由买入并盲目持有股票,在利维摩尔看来,无异于在股市上自我了断。他说:"没有好的股票,只有帮你赚钱的股票。"

如前所述，购入股票最关键的一点是，尽可能在转折点或连续转折点附近买进，关键性决策正是以这一点为基础的。假如股价自转折点开始上涨，那么你大可以放宽心，继续持有这只股票，因为从这一刻起，你就是在用交易所的资金玩股票，用不着自掏腰包。假如股价自转折点起开始下降，经验丰富的交易者便会自动卖出。因此，交易者的最大任务就是找到反转点或连续转折点。损失要及时制止，而利润可以自行运转，这是资金管理的恒定法则，你永远都不能违背它。

紧跟赢家的脚步——任其发展，直到你有明确的理由放手。

资金管理法则五：将意外收入的半数存入银行

利维摩尔建议，在结束一笔成功的交易之后，应当把利润的一半存入银行，尤其是当资金翻倍之时。将这笔钱从股市上抽离出来，这样你在重新注资时就得下一定的决心。无论是把钱存入银行、作为储备资金持有、锁在保险箱中，还是塞在床垫下，总之你得把它放在一个安全的地方。正如在赌场中赢钱时一样，不时地从赌桌上取走战利品并兑现是一个不错的主意。再没有比炒股大赚一笔更有利的时机了，现金就是你的秘密武器。

在我的投资生涯中，最大也是唯一的一个遗憾便是对这条法则没有予以足够的重视。

——杰西·利维摩尔

以下是对杰西·利维摩尔资金管理法则的总结：

1. 学会试探——不要一次押完所有赌注。
2. 投资损失不得超过10%。
3. 始终持有现金储备。
4. 无论是买入还是卖出股票，都需要一个很好的理由。
5. 将意外收入的半数存入银行。

附加建议

远离廉价股票

即使经验老到的投资者也难以避免的一大错误是，仅仅因为贪图便宜而买入股票。尽管在某些情况下，市场需求会使某些公司的股价从 5 美元或 10 美元升至 100 美元以上，但是其中许多还是难以避免破产的厄运，以致最终被人遗忘，或是年复一年，每况愈下，投资者获利的希望极其渺茫。

对投资者来说，选择股票非常重要的一点是，确定股票所在行业的实力等级：最强、次之、稍弱和很弱。投机者不能因为贪图便宜而一头栽进夕阳行业的廉价股泥潭中，你得追随那些强大而健康的行业组。

保证资金流通且富有成效

普通市场投资者未能使其资金保持适当的流通，这也许是投资市场中大多数人一直以来收获甚微的最大原因，通常他们不是陷于无休止的满仓状态就是被一只或多只股票套牢，没有现金，也没有后备购买力。

假如大家注意到，某只股票有可能每个月上升数点，他们会感兴趣吗？不，他们想要的是上升势头更为强劲的股票。然而，数月后，他们一觉醒来会发现之前拒购的股票已经涨了 20 点，而自己实际买入的廉价且波动较大的股票已跌破买入价。

别理会内部人士的小动作

永远不要理会内部人士——包括公司董事和管理层——的小动作。对于自己公司的股票，他们通常是最差劲的评判者，他们总是知道得太多，容易当局者迷。对于股票市场——尤其是在识别技术层面的市场信号与行业动向的问题上，重量级总裁们往往也是相当无知的。他们总是不愿承认股票市场是一个特殊的行业，属于一个截然不同的领域。换言之，你可以成为广播电台、汽车销售、钢铁制造或医药方面的专家，但很有可能对股票交易仍是一无所知，尤其是当股票市场如 20 世纪 90 年代初期及 21 世纪初这般变幻无常的时候。

别理会总裁发表的声明

多数公司的总裁其实与拉拉队长差不多,他们的职责中只有一项是与市场相关的。他必须向股东们——包括共同基金与潜在股东——再三保证一切顺利,假如销售额下降,他会告诉股东们,衰退不过是季节、恐怖主义或竞争对手降价等临时性因素造成的小问题。假如利润减少,他向股东们保证没有什么可担心的,因为公司已采取对应措施,并制订了恰当的计划以恢复盈利。

在购入股票前确立利润目标——风险—回报率

明智的交易者会对潜在利润率及投资总规模予以高度重视。假如你希望交易价为200美元的股票上升20点或10%,那么你就会知道,20 000美元的利润需要20万美元的本钱,这对利维摩尔来说没有什么吸引力,因为在他看来,这样的风险—回报率是失衡的。无论交易者有多出色,股票市场上的亏损是不可避免的,与利息、经纪人费用和所得税一样,它必须被视为交易者运营费用的一部分。然而,很少有交易者会在交易开始前确定风险—回报率,这其实对制订详尽的管理计划是至关重要的。

利维摩尔在交易市场上的表现远不如人们想象般活跃。事实上,到后来他只关注"关键性进展",即股价的重要变化。他时常以超乎寻常的耐心等待所有因素汇聚成一个焦点,此时此刻,他感到各方面情况都是再有利不过了:市场的总体走势、行业组、同类股票的活跃度,再加上一个至关重要的转折点。

利维摩尔有一句常被误解的名言:"我是坐享其财。"

这并不是指在买入股票之后坐等,而是指在出手之前,交易者必须耐心等待所有因素汇聚成一笔完美或者尽可能完美的交易。

记住,元气大伤之后是很难东山再起的——不管别人怎么说,这都是一条真理。手头没有现金时不得冒进,因为缺乏现金的股票作手就像是没有存货的商人,在市场上难有立足之地。

交易开始前须确定止损点

在买入股票时,必须明确,假如走势与预期相左,应当在哪个价位卖出。必须遵守这一规则!在损失达到投资金额的10%前必须收手。如前所述,弥补损失要付出双倍的代价,这一点再怎么强调也不为过。

交易开始前须确定止损点,而转折点总是能够为交易者提供一个清晰的参考价位,这是应当在转折点买入的另一大理由。转折点是确立止损点的依据——假如走势与预期相左,交易者可以在这一点收手。

在进行交易之前,大多数交易者都不会花时间审视下列规则:

(1)根据投资规模与潜在利润比进行决策——假如投资规模大,潜在利润小,就投否决票。对交易者而言,潜在利润应当是清晰可见的。

(2)在买入股票前,确定股价正处于一个重要的转折点,将该点作为你的退出节点,即交易形势不佳时的止损点。记下这个数字并予以高度重视,止损是交易者必须了解的最重要的一件事,即使你判断失误,股价再度回升也不用后悔,因为在你退出之时,股票走势不如预期,你只需要记住这一点即可。

(3)确定包括市场、行业组与同类股票走势及确切的时机在内的所有条件都对你有利。

(4)此时此刻,交易者必须将自己想象成一个自动程序或机器人,你必须遵守规则。

记住,没有哪个交易者的判断是永远正确的;否则他将很快成为世界首富。现实总是如此——所有人都会犯错,在今后的人生中、在市场上,我们都将继续犯错!若是能够学会"快速止损,而让利润自我运行",我们将获得丰厚的回报。

点数是资金管理的关键所在

利维摩尔希望在他投资的任一只股票上都能得到10%以上的利润。

潜在利润点数在其交易中占据了重要地位。利维摩尔清楚地意识到,假如股价从10美元升至20美元,那么利润率就达到了百分之百,当股价从100美元升至200美元时,利润点数为100点,股票升值幅度则为百分之百。

他总是分批次购入股票并运用其探测技巧:

1. 最初买入20%的头寸；
2. 然后买入20%的头寸；
3. 再次买入20%的头寸；
4. 最后买入40%，每次买入后股价均有所上升，成本也随之上涨。

这证明了股票走势符合他的预期。

如前所述，交易者所面临的主要挑战是辨别当前的市场"领头羊"，并锁定欲取而代之的后起之秀。当市场走势发生重大变化时，对交易者来说，最重要的是关注被逐出市场的"领头羊"，同时辨别即将在未来取而代之的新股票。

最好的做法是始终追随最强行业中的最强股，不要去搜寻廉价股或是还没有资格进入第一梯队的股票，要始终追随在行业中占据主导地位的最强势股票。

利维摩尔的金字塔法

交易者必须学会的是：永远都不要摊低损失。

换言之，假如购入的股票价格下跌，不要继续买进，也不要试图摊低价格，这一招几乎从不奏效。真正起作用的是"提升价格"，在股票价格上涨时继续买进。但这样做也有风险，因此试着一开始在初始转折点买入，假如该股票以强劲的势头脱颖而出，就在连续转折点继续买入。交易者必须静观其变，直到该股票表现出即将超越连续转折点的势头；在股票潜力得到明示之前，风险始终存在。在这些关键时刻，交易者必须如老鹰般犀利，蓄势待发，但不会因为心存希冀而影响判断。

交易者应用金字塔法的最后一次机会是当股票明显创下新高之时，尤其是当其交易量猛增时（见图5.1）；这是一个很好的迹象，因为很可能在一段时间内，都不会有更强势的对手来遏制该股票的上升势头。

运用金字塔法则在股市上交易是很危险的，只有反应敏捷、经验丰富的人才能尝试该法则，因为随着股价的持续上升或下降，形势也会变得越来越险峻。为降低风险，利维摩尔试着将重要的金字塔交易都限定于交易之初，当股价远离转折点基准时，采取金字塔交易是不明智的，最好是等待下一个连续转折点的到来或是股价再创新高。

交易者必须时刻谨记，股票市场上并不存在颠扑不破的金科玉律。股票作手的主要目标是汇集尽可能多的有利因素。即使能够做到这一点，他也难免时常出错，因而必须

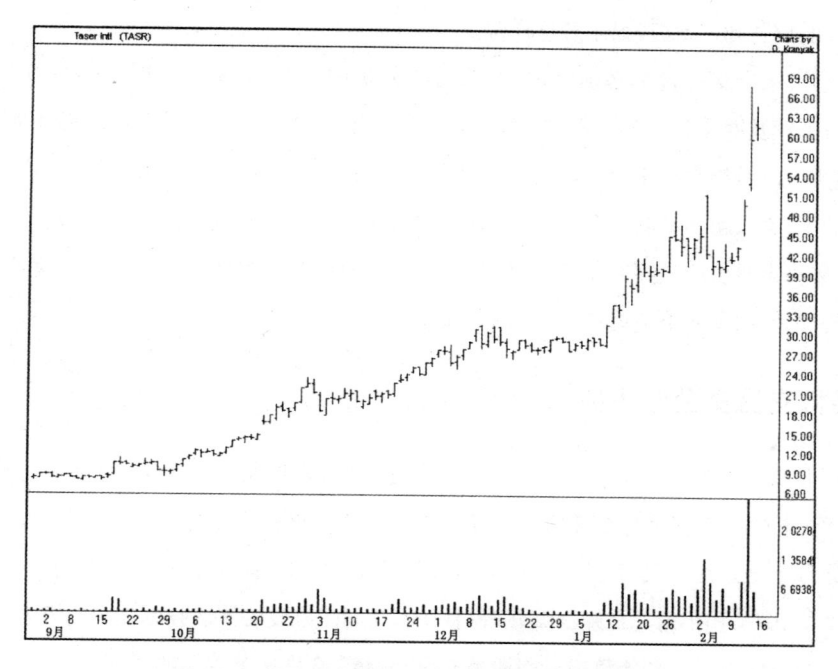

图 5.1 带有成交量猛增特点的股价突破创新高

将止损作为补救之道。

以下这条资金管理守则是无论怎样强调也不为过的：交易者必须持有部分现金储备，以应对某些不寻常的市场形势，例如，当所有有利因素汇集起来形成"完美时刻的巅峰交易"，例如股市处于牛市的最高点或是达到最低点市场极度恐慌之时，这种情形在已过去的 2003 年曾多次出现，并将于 2004 年持续。持有强大的现金储备、蓄势待发的感觉是无可比拟的。

利润：任何股票的精髓所在

在股票市场取得成功并无秘诀可言，任何人在投资领域取得成功的唯一途径便是三思而后行，坚守自己的基本原则，忽略其他。不过，他必须首先订立一套交易法则，杰西·利维摩尔是历史上最成功的交易者之一，同行们都会借鉴他的资金管理法则。

面对今天的交易者，利维摩尔会这样说："接受我那一套规矩，试试看吧，它们都是我犯下一大堆错误、花费数千小时进行分析之后才得以确立的，起了不少作用。若是能够减少你的痛苦和代价,我很乐意这样做。"

此外,每个交易者都必须明白,在最后的分析中,当尘埃落定之时,正是你所赚的钱——利润及潜在利润——确定了股票的最终价格,这一切发生在情感因素被彻底排除、现实状况最终明朗化之后。然而交易者还得明白,正是希望与贪欲加剧了股票走势的波动性,赚取超额利润的潜在希望可能会驱使股价创下历史新高。然而在最后的分析中,最终决定股价的是实实在在的利润,现实终将为行业组及任何一只股票的价值做出公正的评判,而现实不会逃过交易老手的眼睛。

不要将交易资金假手他人

在丑闻不绝的当今股市,一个显而易见的事实是:购买大公司发行的蓝筹股、听取声誉卓著分析师的意见或是委托资深且稳定的共同基金进行交易也是不无风险的。巨额资金集散之地总是潜藏着危险的不法活动,美国股市汇集的资金数目更是无出其右者。

歹徒、骗子和小偷总是知道哪儿有利可图,从而想方设法攫取股票作手的资金,这给股票交易造成了一个额外负担。而股票交易市场恰恰是最难入手的领域之一——只有技法娴熟、严于律己的交易者才能获得一线生机。

利维摩尔有这样一句名言:"假如将来我的钱在股票市场上打了水漂,正像许多人一样……那么我更愿意这些钱是我自个儿输的,我不需要一名经纪人来替我亏钱。"

不要委托他人来处理你的富余资金,无论经手数额是几千美元还是百万之巨,这一原则都同样适用。这是你自个儿的钱,只要你一直守护着它,它就会待在你身边。投机失误是导致亏损的必然原因之一。

能力有限的投机者与交易者所犯下的大错屡见不鲜。利维摩尔强烈反对摊平损失,但这却是一种相当常见的做法,例如,许多人会以 50 美元的价格买进某只股票,两三天后,股价跌至 47 美元,此时他们会被摊低价格的冲动驱使着再度买入 100 股,从而使均价降至 48 美元。

以 50 美元的价格买入 100 股之后,面临着股价下跌 3 点所带来的经济损失,又有什么理由再次购入 100 股,并给自己带来更多的麻烦呢?如果股价继续跌至 44 美元呢?在这个节点上,第一次买入的 100 股股票将给你造成 600 美元的损失,第二批股票造成的损失为 300 美元。

基于这种不明智的原则,交易者须在股价跌至44美元时买入200股,41美元时400股,38美元时800股,35美元时1 600股,32美元时3 200股,29美元时6 400股,如此这般,以实现其摊低价格的目标。又有多少投机者能够承受这份压力?当然如果交易原则正确,我们则应该坚持原则,如前所述的异常波动不会频繁出现。然而,投机者对于这些异常波动必须严加防备,以免遭大难。

因此,尽管有聒噪与说教之嫌,还是必须重申:不要摊低价格。一名股票经纪人曾给予利维摩尔一个有关追加保证金通知的明确建议:若是收到追加保证金通知,请退出交易——永远不要同意追加保证金。这一通知证明你的判断与市场走势相左,为什么要在投资失误之后继续浪费大好金钱呢?把钱存着以备未来之需吧。放弃明显已经失败的交易,为更具吸引力的东西下注。

一名成功的商人会允许不同的客户赊账,但是通常来说,他不会将其所有产出售予同一名客户,客户越多,风险就越是分散。同理,从事投机活动的个人在任一只股票上花费的资金都应当是有限的,如前所述,现金之于投机者如同货架上的商品之于商人。

所有投机者都有一个通病,就是急于在短期内致富,他们试图在两三个月的时间内使自身财富上升5倍,而不是花上两三年的时间从长计议。虽然他们偶尔也会如愿以偿。

但是,这些大胆的交易者能一直成功下去吗?

不能。为什么?因为他们没有不时地回笼资金。

这个原则时时困扰着利维摩尔,因为他没能一直遵守它,事实上,他经常违背这一原则。在通过某笔交易大赚一笔之后,他并没有从利润中回收部分现金,将其撤离市场存入银行,这是利维摩尔股票生涯中最大的遗憾之一。

大多数从股市赚钱的人不觉得自己真正拥有这些钱财,因为他们所做的不过是打打电话,倒腾一下纸张。股票交易并不涉及实质性的工作,没有人像医生、机械师、木匠或者管道工那样提供服务,也没有除草机、汽车或者套装之类的商品被生产出来。正因为如此,许多人都产生了心理问题,利润似乎是一种扭曲了的钱,来得快,去得也快。在这种情况下,投机者失去了平衡感。缺乏经验的投资者说:"若是能在两个月内令资金上涨5倍,想想看,在之后两个月里,我会做些什么!我什么也不用做,就能大赚一笔。我可以与经纪人一道选购股票,汇集利润——怪不得玩股票的都是有钱人。"

这种投机者永远得不到满足，他们持续冒进，直到哪里出了问题——一些严重的、不可预见的、毁灭性的事情发生了。最终，经纪人送来了最后一份追加保证金通知，而你已无钱可交，这样的情况层出不穷。也许你会请求经纪人再多给你一点时间，或者运气不是太糟，你大概还能保留一点东山再起的本钱。

开店的商人不会指望第一年就赚回 25% 的本钱，然而对于进入投机市场的人来说，25% 不值得一提，他们想要百分之百的利润，却在计算中出了差错：他们没法使交易变成一项商业活动，因而也无法依据商业原则经营股票。利维摩尔相信，最终唯一流出华尔街的资金是投机者在交易成功之后从账户中取出来的。

利维摩尔曾告诉朋友下面这个故事：

"我还记得待在棕榈树海岸的某一天。我离开纽约时，交易中还有一大笔空头头寸敞口。到达棕榈树海岸几天后，市场遭受重击，这是将股票换成真金白银的大好机会，而我也是这么做的。

"闭市之后，我致信电报员，让他通知纽约办事处立刻在我的银行账户打入 100 万美元，电报员差点没昏了过去。在发送完信息之后，他问我是否可以保存这张小纸条，我问为什么。

"他说：'我在棕榈树海岸担任电报员达 20 年之久，第一次发送这样的信息，让股票经纪人为客户在银行户头里存钱。'

他继续说道：'我曾见过成千上万份经纪人催收客户保证金的电报，但从未见到过像您这样的要求，我想把它给孩子们看看。'"

一般的投机者从经纪账户中拿钱，只能是当他无头寸敞口或是有盈余资金的时候。如果市场走势不如意，他就不会这样做，因为他得把所有的钱都用来追补保证金。

在结束一笔成功的交易之后，他不会把钱提出来，因为他会对自己说："下次我会让利润翻倍。"

因此，大多数投机者几乎见不着什么钱，对他们来说，金钱不是什么实际或有形的东西。多年来，利维摩尔已习惯于在交易成功之后提取现金，每次他都会从市场上提出 20 万或 30 万美元，这对利维摩尔来说有一种心理上的价值。他制定了一项不断盘点现金的政策，只有在这个时候，他才会意识到自己手握着某些东西。他感觉到了金钱的存在，他会花掉其中一小部分，他知道辛勤工作换回了真金白银。

对利维摩尔来说,存放在经纪人账户或银行账户的资金不同于能够不时攥在手心的钱币,后者自有其意义。有一种占有感会使你不那么倾向于任性而为,赔上自己的血汗钱。因此,每个交易者都应当不时地看一眼自己赚取的金钱,尤其是在交易的间隙。

利维摩尔没法在华尔街之外赚钱。事实上,他将在华尔街赚取的数百万美元投资于其他领域,譬如佛罗里达繁荣时期的房地产业、石油钻探、飞机制造以及完善与推广新发明的产品,总是输得一干二净。

他曾对其中一项投资给予了极大的热情,并试图劝说一位朋友投资5万美元,这位朋友非常认真地聆听了他的述说。利维摩尔说完后,他说道:"利维摩尔,在你现有的事业之外,你是永远也不可能有所成就的。既然你想要5万美元用于投机活动,那么决定权在你,但请把钱用在股票交易上,远离实业吧。"令人惊讶的是,第二天利维摩尔便收到了一张5万美元的支票,但他已不再需要这笔钱,于是又把它退了回去。

这里的教训依然是:与其他行业一样,股票交易本身是一种特殊的商业活动,所有希望从事该交易的人都应当认识到这一点。不要让自己被兴奋、恭维或诱惑冲昏了头脑。牢记:经纪人有时会成为许多交易者失败的祸根。经纪人从事该行业是为了获取佣金,只有客户进行交易,他们才能获得佣金,交易越多,佣金也越多。假如投机者想要进行交易,经纪人不仅很乐意看到他们这样做,而且往往会鼓励客户过量交易。信息匮乏的交易者将经纪人视为朋友,于是很快陷入过量交易之中。

假如投机者足够聪明,知道何时应当过量交易,那么这种做法是正当的。他可能清楚自己什么时候能够或是应当过量交易,然而一旦养成了这个习惯,就鲜有交易者能够适可而止。他们很容易为情绪左右,并失去一种特殊的平衡感,而这对成功来说是至关重要的。他们从未想过自己有一天也会犯错,然而这一天终将到来,他们本可轻易到手的钱就这样打了水漂,于是世界上又多了一个破产的交易者。

遵守以下规则:除非你能确保财务安全,否则永远都不要进行交易。

附　言

关于杰西·利维摩尔的传奇故事流传了许多年。在有关利维摩尔的研究当中,下面这个故事是由嫁给小杰西(Jesse Jr.)的帕切西亚·利维摩尔告诉我的,后来又从利维摩尔的次子保罗·利维摩尔口中听到，我对它做了如实记述。

利维摩尔的新年仪式

"利维摩尔先生，下午好。"

"你好，阿尔弗雷德(Alfred)。"

这是1923新年前的一个周五，下午晚些时候，走进大通曼哈顿银行(Chase Manhattan Bank)后，利维摩尔受到了银行经理阿尔弗雷德·皮尔斯(Alfred Pierce)的热情欢迎。利维摩尔是这家银行的最佳客户之一，他至少存有200万美元的现金存款，以应对特殊的"股市行情"。在这种境况下，他需要额外资金来成就其股票交易的传奇，或者出奇制胜、囤积货品。

"我们已为你准备好了一切，J.L.。"阿尔弗雷德说(与利维摩尔熟识的人都叫他J. L.)。

利维摩尔看了看表——现在差不多是17：15，银行已经关门了，他是从员工通道进来的。"是的，J.L.，银行金库的关门时间设定为17：30，与往常一样"。

他们沉默着穿过宽阔的拱顶主厅，通过一道门进入银行后部，这道门将出纳员柜台与公共空间分隔开来。

"那么周一早上呢？"利维摩尔问道。

"周一吗，金库定时器会在整8：00开启，与往常一样。"

"我只是想确认一下。"利维摩尔微笑着又加了一句。

"我明白，J.L.—— 一直到那时你都会有足够的个人空间。"

"是的，阿尔弗雷德，这一点我很确定。"利维摩尔说道。阿尔弗雷德看着他手中的皮革公事包问道："方便透露一下吗，这只公事包里装的是什么？"

"当然可以，里面是我1923年所有的交易记录。我会研究自己做过的每一笔交易，并做记录，我对所有交易都做了有用的记录，以解释买入、卖出以及清仓的原因。"

"这么说你不是百战百胜的？"阿尔弗雷德开玩笑似的问道。

"阿尔弗雷德，关于我有许多谣言；你当然知道我会输，我不过是个普通人罢了。关键是在交易形势不利时赶快撤出。我经常输钱，这个周末我试着弄明白的事，就是为什么这一年来我会在某些交易中失败。"

第五章 完善资金管理

他们走近了主金库。这是一座大型金库,外面装着一扇巨大的密封钢门,两名持枪的保安分别站在门的两侧。他们知道阿尔弗雷德与杰西·利维摩尔想干什么,向两位来客点头致意。

阿尔弗雷德与杰西·利维摩尔跨过门槛,走进空旷的金库。一排开放式的柜子中存放着大量现金,多数纸币都是百元大钞,其中一只柜子里装满了20美元和50美元面额的现金。金库里有一张书桌、一只椅子、一张帆布床,现金柜中央还放着一张轻便椅,书桌及轻便椅上方分别亮着一道特殊的灯光。利维摩尔走进开放式的现金柜,俯视那些未加包裹的纸币。"这里差不多有5 000万美元,桌子的便签本上记有确切的数字,最后一笔是今天下午E.F.哈顿送过来的。"

杰西·利维摩尔几乎卖掉了他持有的所有股票,正如他每年年初所做的那样。他低头盯着这些钱。

"我想拿到这几笔交易的佣金,J.L.。"阿尔弗雷德说。

"这些还不是全部。有时候市场情况太糟,我不能吃这个亏,所以一些股票会在接下来几个星期逐渐卖出,我会把赚到的钱转移到这里保管。"

"你什么时候重新开始进行交易?"

"大多数情况下是2月,在我到达棕榈树海岸之后。"

天花板上的红灯开始闪烁,低频铃开始每隔20秒响起一次。银行经理看了看他的手表。

"还有5分钟金库就要关了,J.L.。吃的东西在那边。"银行经理向角落里的一只冰箱走去。"你的办事处经理哈里·达赫为你订的每一样东西,我们都已经准备好了。实际上大概一小时前他自个儿就把吃的带过来了,中午的时候我们会提供冰块。这里有面包、什锦冷切拼盘、蔬菜、水、牛奶、果汁,还有用来做古典鸡尾酒的材料。"阿尔弗雷德指着开着的冰箱门。

"谢谢,老花样迟早会派上用场。"

"说得对,J.L.。现在我要走了,我有幽闭恐惧症,这些钱吓到我了。"

利维摩尔陪银行经理走到了金库大门处,并同他握了握手。"J.L.,如果其他人知道这件事……好吧……他们也许会觉得你很怪。"

"'怪'是一个挺好的词,阿尔弗雷德。"当两名保安将门缓缓关上时,杰西·利维摩

91

尔微笑着说道,"阿尔弗雷德,你看,整整一年,股票源源不断地进入我的视线。这个周末它们变成了真金白银……真金白银——没有什么能比得上它。"

当门砰的一声关上时,利维摩尔站在门边。书桌和轻便椅上方的灯发出怪异但足够明亮的灯光。利维摩尔估摸着没有人在关门后真正检测过它们;没有人会主动要求将自己锁在金库里。

他转身走向被大约5 000万美元的现金环绕着的书桌。在接下来的两天三夜中,这儿将变成他的家。在这空旷的金库中,他将进入至深的孤绝状态,从各个角度审视一年来的交易……在其交易生涯开始后的每一年利维摩尔都保持了这一习惯。

周一早上离开前,他会走到装有20美元及50美元纸币的柜子前,将所需现金统统塞进钱包,并在接下来两周内把它们花光。

他将自己与钞票锁在一起,但这与守财奴把自己锁在账房里数钱不同,因为他的世界中一年到头都充斥着股票交易,他相信到了年末自己已忘了这些纸片代表着什么——它们能够产生现金,最终还能带来权力。

这一年来,他不过是在与一堆纸打交道。他需要亲手触摸现金,感受其威力,从而得以重新评估他所持有的股票,并做出决策:假如可以选择,他还会保留这些头寸吗?——还有更好的机会吗?抛售一空之后,他不得不考虑自己是否愿意再度买入。

周一上午,当利维摩尔带着鼓鼓囊囊的钱包走出金库时,一场疯狂的购物行动即将开始,行动通常至少会持续一周,消费内容包括享受诸多人生乐趣以及购物。

——— 第六章 ———

情绪控制

第六章 情绪控制

驱动市场的是心理因素而非逻辑。一旦开始某项交易,股票作手便陷入了无比混乱的想法和情绪当中,交易者的大部分悲剧都是在这个关口发生的。迄今为止,我们已经学习了利维摩尔交易体系中的时间与资金管理,但尚未涉及最重要的一个环节——情绪控制。开始交易后,我们怎样才能控制那不计其数的情绪与想法呢?它们将轻易导致判断失误,使得我们为执行交易所做的其他有用工作毁于一旦。在这个充满陷阱与危险的交易方程式中,没有人能幸免于情绪因子的影响,杰西·利维摩尔也不能例外。

对于自己选择的这一行当,利维摩尔有一种不可抑制的求知欲,在整个职业生涯中,他都是股票市场的忠诚学生,也是一名市场心理学领域的出色学生。有段时间,他在纽约夜校修习心理学课程,以求更好地理解人性。通过学习,利维摩尔得出了这样一个结论:市场上或许活跃着数百万种想法,而需要加以研究并理解的只有寥寥几种心理学模式——由于驱动市场交易的主要是人的恐惧和贪婪,在买入和卖出时这两种基本情绪也就成了人们的普遍特性。在股票市场,这些特性本质上等同于一些常见的数字和图表形态(见图 6.1)。

在其晚期生涯中,他的俩儿子保罗和小杰西问了他一个重要的问题:

"爸爸,为什么你能够玩转股票市场,其他人却输得一干二净?"

他说:"好吧,孩子们,我也输过钱,但每次我都会试着找出失败的原因。你得以一种深刻的、探究性的方式来研究股票市场,而不是走马观花的态度。我得出的结论是:大多数人宁可为购置家具或者汽车费神,也不愿在购买股票上花心思。股票市场的遍地横财与瞬息万变诱使人们愚蠢而轻率地挥霍自己的血汗钱,这是你在其他地方都看不到的。"

"你看,买股票是很简单的,只要向经纪人发出买入指令就行;过些时候再打个电话要求卖出,整个交易就完成了。要是你在交易里头赚到了钱,这看上去就像是不劳而获。你用不着每天辛辛苦苦地上 8 小时班,这不过是个文书交易,似乎用不着付出劳动,显然这看起来像是一条致富的捷径。只要以 10 美元的价格买进,然后以高于 10 美元的价格卖出就行。交易越多,所得越多,看上去就像是这么回事。"

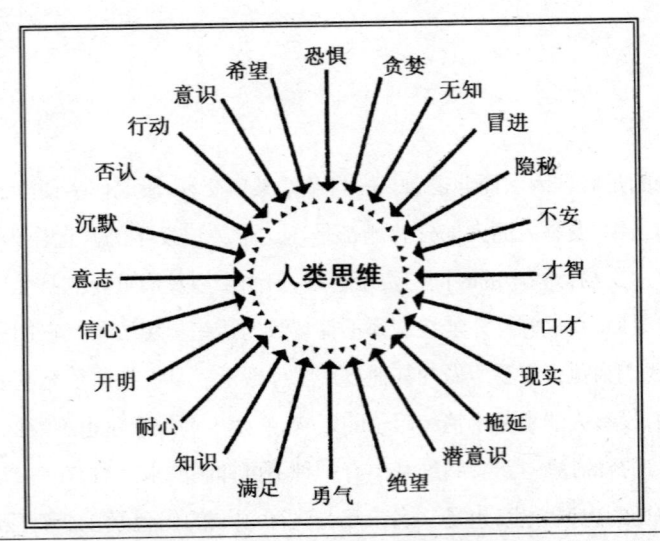

[图示：人类思维轮盘，围绕"人类思维"的词汇包括：希望、恐惧、贪婪、无知、冒进、隐秘、不安、才智、口才、现实、拖延、潜意识、绝望、勇气、满足、知识、耐心、开明、信心、意志、沉默、否认、行动、意识]

> 设想投机者正好位于轮子中心，那么我们就可以看到，他必须承受多少情绪和心理上的压力。
> 在西格蒙德·弗洛伊德(Sigmund Freud)看来，人类心理生来就不可避免地处于永恒的矛盾之中——一场永无止境的战争。
> 在卡尔·荣格(Carl Jung)看来，成功之人试图寻找知识、启蒙与和谐并最终如愿以偿。
> 每一名投机者都必须知道，应该如何处理自己的情感和心理障碍以及来自股市的利剑。

图6.1 关于人类思维的插图

"简单说，这就是无知。"

孩子们听得很认真，但是他们和父亲不一样，对市场交易没什么兴趣。

股票作手必须时刻控制自己的情绪，如果情况糟糕，通常你就得克服恐惧。恐惧潜藏在所有正常人生活的表层之下，如同暴力一般，它会以心脏病猝发、呼吸加快、眨眼、攥手等形式突如其来地出现在你的生活中。恐惧生成之时，自然生存法则被激活，正常的理智遭到扭曲，理性的人在恐惧时会做出不理智的举动。恐惧在开始亏钱的那一刻降临；人们的判断力大打折扣。无可否认，这就是处于现阶段进化过程中的人性，我们必须理解它，尤其是在市场交易当中，活跃在市场上的任何一名交易者迟早都会领略到恐惧的滋味。

失败的投资者或交易者往往是希望的最好朋友，就股票市场而言，希望总是在交易

第六章 情绪控制

之路上与贪婪并肩而行,然而恐惧也总是如影随形,隐匿于阴影中。

一旦开始交易,人心便萌发了希望。满怀希望、积极应对和追求极致都属于人性。希望一直是并且将来也是人类的重要生存工具,然而,与股票市场上的老朋友无知、贪婪和恐惧一样,希望也会扭曲理智。交易者必须清楚地看到,股票市场只会与事实、现实以及冰冷的数字打交道;股票市场永远也不会出错——出错的只有交易者。就像飞旋的轮盘赌一样,显示最终结果的是那个小黑球,而不是无知、贪婪或恐惧。每天结束时,报纸上登出的市场交易最终结果是客观而确定的,不带任何偏好,如同原生态的大自然,如同一场生死搏斗。

利维摩尔相信,公众希望被引领、被指点或者被告知该做些什么,他们需要某些东西来消除恐惧或疑虑。他们总是集体行动,就像一群暴徒、一个兽群或是一支团队,因为人类希望得到他人相伴的安全感。他们害怕孤军作战,因为他们相信,相比于成为一只站在荒凉险峻、狼群出没的大草原中的孤羊,被群体接纳更加安全——事实上,随大流的确更安全。

对大多数交易者来说,事情到这儿就变得有些复杂。利维摩尔是一位独立的思想者,然而一直以来,他都希望遵循最小阻力线即趋势进行交易,因此一般而言,大部分时间他都会和大家一块儿行动。趋势的变化即市场总体走势的变化开始显现的关口,才是最难把握与应对的时刻。

利维摩尔一直都在搜寻线索,以期辨认出即将到来的基本趋势变化,并找到即将形成的转折点。交易者永远都不能洋洋自得,利维摩尔总是充满警觉、有备而来,并且乐于与当时的流行理念——驱动市场的大众想法——保持距离,然后反其道而行之。

利维摩尔相信循环,情况总是有好有坏。对我们所有人来说,这都是一个生活的真理,并且同样适用于股票市场。有好时机,也会有坏时机——对于成功的交易者而言,问题并不在于它们是否会到来……而是它们将于何时到来?利维摩尔的结论是,形势将在最意想不到的时候发生变化。

在一名投机者的交易生涯中,最困难的莫过于趋势发生改变的那一刻,这些大动荡曾经并且一直都是交易者的炼狱。但是利维摩尔知道,在某些节点,大部分资金都会损失殆尽,正如1999~2002年所发生的那样,最好是避开股票的滑坡期,除非你已经卖空。其实在任何时候股票市场上都能赚到钱。

基于这一想法,利维摩尔制定了两条法则:

首先,不要一刻不停地在市场上投资。很多时候你应当将股票完全兑现,尤其是当你无法确定市场走势,下一次波动尚待证实之时。在利维摩尔的晚期生涯中,无论何时,只要推断出变化即将到来,但不完全确定这一波动的时间与程度,他就会将所有股票兑换成现金,坐等形势的进一步发展。

其次,令大部分投机者受损的是主要趋势的变化,他们做出了错误的投资决策,预期与市场走势正好相反。假如你判断市场走势有可能会发生变化,为确定这一评估是否正确,可以用小头寸和小量交易进行探测,是买进还是卖出取决于你对趋势变化方向的预测,利用该方法可测出你的判断是否正确。在发出试探性指令、投入真金白银之后,你将截获趋势即将改变的信号,因为每一次买入的价格都有所下降,降价的信号意味着你应当卖空。

交易者的任务是:持续观察市场行情并进行分析,就像观看一部不会出现两幕完全相同场景的电影一样。没有两个市场是完全相同的,但是它们和人类一样拥有相同的特性,你得将这些个别信息从行情中提取出来,然后在头脑中快速过滤一遍。

股票市场总是沿最小阻力线前进,直到一股最初几不可觉的力量慢慢地、毫不留情地遏止了上扬或下行趋势。能够让人赚取真金白银的总是这些关键的节点,前提是你得辨认出反转点,但不会因市场自然反应而乱了阵脚,或是将其与连续转折点混为一谈。

恐慌总是促使利维摩尔在形势最为黯淡之时做多;相反,当一切看上去都很完美、形势喜人之际,他会觉得或许是时候卖空了。他试着赶在其他人之前看透形势,这就是为什么他吝于给出建议,并且尽量避免与任何有可能改变其想法的人交谈。

有时候,利维摩尔认为股市正处于大衰退的转折点或是抵达了急剧上扬的顶点之时,就会增加股票的持有量。他知道,一般企业要东山再起,股票要重获赢利能力,这些都需要时间,因此他耐心而谨慎地积聚着股票,等待下一次价格回升或是在交易市场下行时卖空。

他自15岁起便涉足股票市场,这是他人生的焦点所在。他很幸运地预言了1907年的大崩盘,几乎精确到小时,当J.P.摩根派遣一位特别大使前来要求他停止卖空时,他感觉受到了莫大的恭维,于是便照做了。

在1907年大崩盘之际,利维摩尔在他最幸运的一天里狂赚300万美元。对于1929

第六章 情绪控制

年大崩盘,他也同样具备先见之明,他在市场到达顶点之际决定卖空,赚取了1亿美元。

然而在1929年大崩盘初期,当汽车公司节节败退之际,他过早地卖出了汽车股,当那时的市场领头羊们一败涂地、全军覆没之际,他终于发现了真正的反转点,此时他的损失已超过25万美元。当时他审慎地选择了卖空,并增持所有头寸。在1929年大崩盘当中,他赚到了有生以来最大一笔钱。媒体与公众将大崩盘归咎于他个人,这是毫无道理的,没有人——没有任何个人——可以让市场做它不想做的事。然而,利维摩尔的生命受到了威胁,他被迫使用特殊的安全手段来保护自己的家人。

到1929年为止,利维摩尔的交易生涯已近40年,丰富的经验打造了其敏锐的直觉。然而在回顾往事时,他解释说,在所有的案例中,蕴含在股票波动中的线索是显而易见的,而且会十分清晰地呈现在他面前。

在利维摩尔看来,市场中的投资者就好比是一大群无人领航、追逐诱饵的鱼,无论何时,只要感觉到危险,就能快速做出随机性反应。换言之,股票市场上活跃着有数百万个想法,它们基于股市上的两大主要情绪——希望与恐惧——来做出决策。希望来自贪婪,恐惧源于无知。

利维摩尔的成功主要源于其发现重大转折点即反转点的能力。就长期趋势而言,这是股票作手需要完成的最关键、最重要的事。利维摩尔坚信,假如一名交易者在恐慌与繁荣期都能准确找到心理学意义上的入市或出市的完美时刻(转折点),他就可以大发其财。因为一名成功的交易者必须能够辨明市场走势即最小阻力线的方向,并据此进行交易。利维摩尔总是能在市场的两极(牛市或熊市,尽管他从不使用这类术语)应对自如,因为这对他来说不过是逻辑游戏,他相信循环论,买空和卖空的时机总会出现,上扬、下行和震荡波动各占据了股票市场1/3的时间。

因为他相信股票已到达最高点,利维摩尔打算退出某个多头头寸,他会很理智地卖出股票,他不像某些人一样会对股票产生感情。

例如,当一名投资者看涨通用汽车的股票并赚了钱时,他不应当对通用汽车股票产生感情,这只股票不过是走势与投资者的推断一致而已。假如通用汽车股价下跌,交易者可以通过卖空赚钱,那么他就应当不带感情色彩地这样做,毕竟股票是对交易者不存感情的客观之物;不存在好股票,同样也不存在坏股票;对投机者来说,只有能赚钱(或亏损)的股票。

99

利维摩尔曾听过许多同行说:"这只股票对我可真好",或者"这只股票让我亏了钱,所以我要远离它!"这不关股票的事,所发生的一切都是投资者判断的结果,没有任何其他借口。简单来说,决定进入交易的是交易者或投机者本人,决定退出的也总是交易者本人。这一判断不是对的,就是错的。

所有交易者都应当警惕某种自负情绪,因为当股票走势与预期相反时,我们必须承认自己犯了错,必须即刻退出交易。我们总是会在某些交易中犯错,这是早已被证明的事实,大多数交易者都会忘记这一点,快速退出交易是成功的关键。

经验不足的交易者往往会进入另一个误区:他们妄图确定交易周期准确的谷底和顶点。记住,某些时候,交易者必须退出市场,观望等待。精确预言市场的谷底与顶点实际上是不可能的,不过如果谨慎一点,犯错概率会小得多。在投资中途退出,等待市场稳定下来是一件非常困难的事,因为在投资当中你会不自觉地看好预期方向,这种偏好源于希望。假如你是做多,潜意识里就会不自觉地偏向市场上扬,假如你是卖空,潜意识里就会偏向市场下行。每个人心中都存有希望;记住,心存希望是人之本性。就是为什么利维摩尔常常抛空头寸,然后以现金为基点重估市场。他得为此交付佣金,但在他看来,与总体利润目标相比,这不过是一小笔保险费。问题并不在于这数百万人对股市是怎么想或怎么说的……关键是他们通过买入与卖出实际上对市场做了什么;这一切都会即刻显现在行情系统上;问题在于,当行情在你眼前掠过时,应当如何阐释这些信息与证据。

这是利维摩尔所从事的行当,是他的人生使命,也是他最享受的一件事。他一直对解谜相当着迷,他在乎的不是钱,而是解谜,金钱是对解谜的奖赏。他曾数次经历破产,这是对他没能揭开谜底的惩罚。最迷惑人的是,市场交易看起来简单,实际却是最困难的事情之一,因为你得预测趋势。我们必须意识到自身的情感缺陷,必须运用自制力控制并克服人性的弱点,这是交易者所面临的最艰巨任务。

正如利维摩尔对两个儿子所解释的那样:"打破自己那套规矩时,我赔了本;遵守原则,我就能赚钱。"

怎样在新闻媒体面前控制情绪

利维摩尔对他在报纸上读到的一切总是持怀疑态度,他从不接受表象。无论信息的提供者是谁,他都会试图发掘题中之意,确定记者撰写报道是否仅出于自利的动机。在利维摩尔的时代,许多记者撰写某些股票新闻,但是实际上却进行反向交易。内部人士还会向记者灌输无根无据的连篇谎言,以达到炒作股票的目的。

利维摩尔总是努力读出潜台词,形成自身的判断;这就是为什么他总是更喜欢独处,以便形成自己的观点,在读报时运用自己的判断。在解读新闻时他从不征求别人的意见,而是努力透过表相挖掘真相。

利维摩尔曾告诉一位友人:"我解读这些新闻报道的方法有两种。首先,我会试着就某只特定的股票解读报道,对交易者的观点与行为产生的即时和直接影响。其次,我会关注实时股票数据,查看这些新闻对某个行业中股票整体的买入和卖出产生了怎样的影响。我对新闻事件的解读常常出错,但是我一直都很清楚,如果新闻动态够重要的话,行情最终也会受到影响。

"换言之,我像一只老鹰那样紧盯行情系统,看它对实时新闻的反应如何。我从不听信那些试图解读新闻材料,预测股票、行业或是整个市场动态的权威、记者、分析师之流。"

"根据我的经验,客观解读行情系统要好得多,因为它能实时提供公众对新闻的反应。行情系统所提供的即时事实远胜于任何记者或专家的指示信号。关注行情系统,仅根据其指示做出反应,这取决于交易者的丰富经验。学会解读行情系统,真相隐含在行情系统之中,聆听它的指示,尽量过滤那些所谓专家的意见。"

解读经济新闻过于深入会带来一个问题,它可能会将"暗示"植入你的大脑中,而暗示可能会停留在潜意识层,对交易者的情绪健康造成危害,在股票市场上,你得与现实而不是猜想打交道。这些建议通常是符合逻辑的,但这并不意味着它们就是真实的,是必然能够对市场产生影响力的。驱动市场的并非逻辑,而是人类情绪。

及时止损,利润可以自行运转

注意:这段对话及故事摘自理查德·斯密腾所著的《杰西·利维摩尔的奇异人生:世界上最伟大的股票作手》(*The Amazing Life of Jesse Livermore:World's Greatest Stock Trader*),这段对话的参与者是杰西·利维摩尔、沃尔特·克莱斯勒(Walter Chrysler,克莱斯勒汽车公司)、艾德·凯利[ED Kelley,联合果业公司(United Fruit Co.)的总裁]、T.科尔曼·杜邦(T.Colemon Dupont,杜邦家族)以及棕榈树海岸布莱德利赌场(Bradley's Casino)的克伦奈尔·艾德·布莱德利(Colonel Ed Bradley,美国最古老非法赌博俱乐部的所有者),当时他们正在用午餐。

"我在华尔街听到了关于你的流言,是关于小麦交易的。跟我们说说吧,J.L.,给大家提供点乐子。

"好吧,我只是觉得美国对小麦的需求被低估了,它的价格会上升。我等到所谓转折点来临的那一刻,买入500万蒲式耳小麦,大概价值700万美元。

"买入小麦后,我仔细地关注市场动向,市场反应有些滞后。这是一个迟钝的市场,但价格从未跌破买入价。接着某个上午,市场开始走高,几天后,上升势头变得稳健,形成了又一个转折点。价格在这个节点附近徘徊了好一阵子,接着便大幅飙升。

"这是个好兆头,所以我又下了一笔500万蒲式耳的订单。订单的价格上涨了,对我来说,这是个好消息,因为这清楚地表明,市场的最小阻力线是上扬的。

"下第二笔500万订单要困难得多,我很为这件事感到高兴。就这样我完成了1 000万蒲式耳的预定目标,于是见好就收,但始终留意市场动向。一个强劲的牛市出现了,小麦价格持续增长了几个月。

"当小麦价格比平均买入价高出25美分时,我将期货兑换成了现金,这是一个糟糕的错误。"这时,服务生将一道龙虾沙拉呈上了桌,并打开了第二瓶香槟,利维摩尔停了下来。

沃尔特·克莱斯勒问道:"J.L.,赚取250万美元的利润怎能说是一个糟糕的错误呢?"

"沃尔特,这是因为,我退出后看到小麦价格在接下来3天里又涨了20美分。"

"我还是不明白。"克莱斯勒说。

"为什么我会害怕?为什么我要卖出?当时没有什么好理由让我卖出小

102

麦,我只是想把利润拿到手。"

"对我来说,这还是一笔相当不错的交易。恐怕你把我搞晕了,J.L.。"艾德·凯利加了一句。

"好吧,我来解释一下。你还记得那个古老的笑话吧,有个人去赛马,下了每日二重彩并且赢了,接着他把所有赢来的钱用于第三场比赛,又赢了。每一场比赛他都如此反复,全都赢了。然后在第八场也就是最后一场比赛,他把赢来的几十万美元用来下注,结果输了。"

"嗯,我记得。"克莱斯勒点点头。

"好吧,他走出赛马场,碰上了一位老朋友,对方问他:'今天怎么样?'

'还不错,'他笑着回答,'我亏了2美元。'"

大家笑了。"这是一个好故事,J.L.,但是这与小麦交易有什么关系呢?"克莱斯勒问道。

"很简单——为什么我要害怕失去交易的本钱、我的利润?实际上,我之所以卖出,仅仅是出于恐惧。我太急于将证券盈利兑现了,除了害怕输掉已经到手的利润,我没有任何理由卖出。"

"害怕又有什么错呢?"杜邦问道。

"那么,你是怎么做的,J.L.?"凯利问道。

"嗯,我把通过小麦交易赚到的利润登记入账,我意识到自己犯了一个大错误。我没有勇气玩到底,一直玩到我得到卖出的信号、一个真正明确的信号。"

"所以呢……?"

"我再次进入市场,然后以高于卖出价25美分的平均价格买进。小麦又涨了30美分,然后发出了一个危险的信号,一个真正的强烈的危险信号。我在价格接近2.06美元/蒲式耳时卖空。大约一星期后,价格跌到了1.77美元/蒲式耳。"

"好吧,你比我胆子更大,J.L.,听起来有点儿贪心。"凯利说道。

"那是因为你卖的是水果,艾德。你所了解的水果市场分析方法是我应当用来分析股票和商品市场的,而小麦期货市场在我第一次卖出时并未显示任何危险信号。

"第二次卖出就不同了。我清楚地看到了市场趋弱的症状,包括那些线索、暗示、到达最高点的信号。行情系统总会留足预警时间,让明智的投机者留个心眼。"

"好吧,J.L.,我喜欢你的故事,不过有时候我想你大概是交了好运,就像艾德·布拉德利一样。"克莱斯勒加了一句。

"好吧,沃尔特,一点小运气从来不是什么坏事。"利维摩尔顿了顿,环视众人,"我想说的是,我们大家都会有幸运一刻。"

他们都笑了。

意 志

利维摩尔赞同他的朋友兼赌徒克伦奈尔·艾德·布莱德利的观点——情绪是仅次于时机及资金管理的一大要素。知道怎么做是一回事,拥有付诸实践的意志力完全是另一回事。这是股票市场的真理,也是生活中的真理。有谁能比杰西·利维摩尔更清楚这一点呢?

拥有足够的自制力以遵守规则是至关重要的。若是缺乏详细、清晰且久经检验的规则,投机者实际上是不会有机会成功的。缺乏规划的投机者就好比是没有制定战略的将军,因此也就无法拥有一套可执行的战术计划。若是缺乏一个清晰、独立的计划,投机者只能漫无目的地行动,同时必须面对"股票市场的利剑",这必然会导致交易者的失败。

从某些方面来说,玩股票不全是纯粹的理智活动,也是一种艺术,否则早就有人琢磨出股市的规律了。这就是为什么每个投机者都必须分析自身情绪,以确定自己能够承受的压力水平。每个投机者都是不同的;每个人的心理都是独特的;每一种人格都是独一无二的,在涉足投机领域之前了解自身的情绪极限。若是因为所持头寸彻夜难眠,那便超出了自身的极限。如果是这样,卖出你的头寸,直到能够入眠为止。

从另一个方面来看,任何聪慧、认真并且愿意投入必要时间的人都会在华尔街取得成功,只要能够认识到股票市场与其他行业并无不同,他们就会拥有发达的大好机会。

在1999年的市场衰退之前,许多人相信,在股票市场上赚大钱是一件轻而易举的

第六章　情绪控制

事。然而,大部分美国人都有一份工作,任何从业者都明白,无论身处何种行业,持续不断地赚钱有多么困难;赚钱从来不是一件容易的事。利维摩尔的朋友们都拥有自己的事业,他永远都不会要求自己的好朋友比如联合果业公司的总裁艾德·凯利告诉他水果行业的秘密,或是要求沃尔特·克莱斯勒透露汽车行业的机密,这种事永远都不会在他身上发生。因此,他永远都没法明白为什么有些人会一再追问:"在股票市场怎样才能来钱快?"

他会报以微笑并对自己说:"他怎么可能知道你在股市里赚钱的窍门?"他总是避而不谈。他觉得这个问题就好比"怎样做开颅手术来钱快?"或者"怎样在谋杀案中进行辩护才能来钱快?"当别人问起时,他只是沉默,他认为即使是试着给出答案也会影响个人情绪,因为你需要采取一个坚定的立场,积极地为你推荐的股票进行辩护,而推荐对象可能到了第二天就会发生变化,这取决于市场动态。

但是他完全明白,位于曼哈顿岛的股票市场是世界上最大、利润最丰厚的"金矿",这并不是一个专属于他的秘密。这个"金矿"每天都会敞开大门,邀请所有人来此勘探,有能力者还可收获满车的"金条",利维摩尔已是好多次满载而归。

"金矿"就这样安然矗立于曼哈顿岛,当休市铃声在晚间响起时,有人从乞丐变成了王子,或是从王子登基为皇……抑或是倾家荡产。而金山自是岿然不动,静候交易者提起话筒,发出指令。

利维摩尔坚信,无法控制基本情绪是投机者真正且致命的敌人:希望、恐惧和贪婪无时不在,牵扯着交易者的神经末梢,它们静候在一旁,伺机而动,把事情搞得一团糟。

这是他从不使用"牛市"或"熊市"这两个词的原因之一。这些术语被他从字典中剔除,因为他相信,它们会在交易者头脑中生成一种关于特定市场走向的情绪化思维模式。牛市或熊市的说法使得交易者误以为市场走势就是如此,投机者很可能盲目延长其追随这一趋势或方向的时间,即使事情已经发生了变化。

清晰可辨的趋势通常不会拖尾巴。当人们要求利维摩尔给予忠告时,他会说,市场目前正处于"向上趋势"或是"向下趋势"或是"震荡波动"——或是告诉他们"最小阻力线目前是上扬或下行的",看具体情况而定。这就是他想说的一切,即使如此,他还是常常因此陷入与公众的矛盾之中,因为他没能守在那儿,告诉他们趋势发生了变化。

这一策略使他留有余地,根据市场形势改变自己的主意,他从不试图"预测"市场,只是根据市场动向透露出的信息做出"反应"。

对市场的快速、急剧衰退要一直保持警觉。恐惧导致衰退，希望推动上升，这就是为什么股票总是缓慢上扬，急剧下降。交易者若是看涨，就会暂缓卖出；若是看跌，通常会尽快抛售。这就是为什么股价下跌会引发更急剧、更激烈的市场行为，因此，假如你是卖空方，就得为更快、更激烈的市场形态及条件做好准备。

无论是看跌还是看涨，都存在交易时机，唯一不同的是赚钱方式。看跌常常违背乐观且积极的基本人性。2003年，股票市场上仅有不足4%的交易者属于卖空方。毫无疑问，卖空也是极其危险的，因为潜在损失是看不到头的，卖空方必须对情绪实行强有力的控制。

然而上扬、震荡、下行大约分别占据了股票市场1/3的时间。如果仅仅涉足牛市，你将无所作为，并且损失2/3的发财机会。好也罢，坏也罢，利维摩尔不是一个甘于等待、希望或犹疑的人，他希望参与到游戏之中，他希望赢大于输。

利维摩尔完全明白，即使是在他所处的时代，在涉足股票市场的数百万名投机者当中，很少有人会将全部时间投入到投机艺术中。然而，在他看来，投机是一项全职工作，或许并不仅仅是一份工作，或许这是一项使命，许多人被召唤，然而只有极少数被选中的人获得了真正的成功。

一个有趣的现实：2004年，纽约证券交易所中的共同基金数量超过了股票。多数基金有严格的规定，要求投资额度不得低于95%，现金储备不得高于5%。此外，在多数共同基金的规章中，基金经理只能在交易中做多。因此，他们违背了利维摩尔的两大原则——时刻持有现金储备，无须顾虑，手持现金，静候完美交易的到来；时刻准备做多或卖空。这也是近年来对冲基金如此成功的原因之一。

对股票交易的内幕消息保持警觉

迄今为止，内幕消息是投机者必须面对的最险恶情绪陷阱。利维摩尔搬到第五大道的主要原因是为了避开那些想要帮忙、向他透露可靠消息与内幕新闻的人，他对所有这些内幕信息都保持警惕。

下面一段摘自传记《杰西·利维摩尔——世界上最伟大的股票作手》一书。

第六章　情绪控制

建议和内幕消息来自四面八方。很久之前,我在位于格雷特内克(Great Neck)的住处举办了一次晚宴,某家美国大公司的董事长向我透露了一条内幕消息。

"贵公司的情况怎样?"我问他。

"好极了,我们已经逆转了形势,倒不是说公司之前有过麻烦,只是看起来很明显,业务从现在开始会直线上升。事实上,我们的季度利润一礼拜后就会发布,这会是个很棒的结果。"

我喜欢这个人,也信任他。因此,第二天上午我买入1 000股来做一番验证。利润报告与首席执行官之前的说法相符。股价涨势不俗,在接下来的3个季度中,利润持续上升,股价也保持了稳定增长,股价持续攀升诱使我产生了一种安全感。接着涨势骤停,然后开始如瀑布般直线下降。

我给董事长打了个电话:"贵公司股价下跌让我挺担心的。发生了什么事?"

他答道:"我知道价格有所下降,J.L.,但我们认为这不过是一次自然的调整——毕竟我们的股票涨幅相当稳定,形势喜人,到如今差不多已持续了一年。"

"贵公司的生意怎样?"我问道。

"好吧,我们的销量略有下降,恐怕这个消息已经泄露了出去。卖空方似乎知道了这个情况,正在攻击这只股票。我们估计,这主要是一次卖空行为,也就是大量抛售。我们会在下次价格回升后把他们都赶出去,让他们吃点小苦头,嗯,J.L.?"

"你们那帮人是不是在出售自己的股份?"我问道。

"当然没有!还有比把钱放在自己公司更安全的吗?"

不出所料,后来我发现,刚听到生意猛跌的风声,内部人士就忙着高价卖出股票。

我从不为此而生气,这应当归咎于我的愚蠢与贪婪。我知道,所有的首席执行官本质上都是拉拉队长,他们必须保持积极的态度,必须报喜不报忧。他们永远也不能告诉股东或对手,其实事情并不像看上去那么美好。事实上,听他们扯谎总是令我发笑,那些误述、谎言不过是一种自我保护,是首席执行官的关键职责——每个权力层都不能例外,包括在政治领域。

然而我关心的是能否保护自己,而非投资公司的首席执行官和股东们。因此,过了一段时间,在亏损一大笔钱之后,我再也没有就经营状况询问过内部人士。

我本只需观察股票走势即可,为什么要浪费时间来听这些半真半假的话、模棱两可的陈述、不准确的推断以及厚颜无耻的谎话呢?股票走势即可清楚地说明一切,行情系统将真相呈现在每一个人面前。

对于那些志在股票市场的人,我的建议是:随身携带一个记录本,用于记录有意思的综合性市场信息,或许还能制定出自己的股市交易策略。我一直都建议,他们在小本子上所写的第一句话应当是:对内部信息保持警惕……一切内部信息!

在投机领域取得成功的途径只有一条——辛勤工作、坚持不懈地辛勤工作。假如遍地都是横财,没有人会拱手相让,我很清楚这一点。我的满足来自打败市场,解开谜题,金钱是奖赏,但不是我热爱股市的主要原因。股票市场是有史以来人类发明的最伟大、最复杂的谜题,可供你赢得最大的赌注。

时刻谨记:你可以赌赢一场赛马,但你没法打败整项赛事。你可以赌赢一只股票,但你无法永远打败华尔街——没有人能做到这一点。

人们总是谈论我的直觉,尤其是在联合太平洋(Union Pacific)事件与旧金山地震之后。但我从不认为自己的直觉有多特别,就直觉而言,投机老手其实与农场主——就像我的父亲——无甚区别。事实上,我认为农场主是世界上最大的赌徒,每年栽种庄稼,押宝小麦、稻谷、棉花或大豆的价格,选种合适的作物,猜测天气、虫害以及不可预测的农作物市场需求,这一切风险很大。这一原则同样适用于所有行业,因此,在小麦或水稻种植、养牛、汽车或自行车制造业经营20年、30年乃至40年之后,你会自然而然地获得第六感即直觉,这是一种对所从事行业基于经验的预感能力,我以为自己与他人并无任何不同。

第六章　情绪控制

或许我与大多数投机者相比的唯一不同在于，如果觉得自己确实是百分之百正确无误的，我就会勇往直前、大胆冲刺。在1929年大崩盘中，我就是这么做的，当时我在空方囤积了100万股，对我来说，股价每上升或下降一点都意味着高达100万美元的利润或损失。即使在那时，在我玩得最大的一场游戏中，驱动我的也从不是金钱，而是游戏本身——揭开谜底，在一场迷惑了人类历史上最伟大头脑的游戏中取胜。对我来说，这种热情、挑战、刺激都蕴藏在赢得游戏的过程中，对所有经营华尔街投机业的男男女女来说，这是一个活生生的、动态的难题，或者说是一个谜团。

或许这就像战斗之于士兵。当所有的感官都被逼至极限，赌注垒高之际，一种精神上的高潮直抵你的内心深处。

"我告诉孩子们——从事你所擅长的行业。"我拿手的是投机，多年来，我从华尔街提出了数百万美元，将其投资于佛罗里达地产、飞机公司、油井以及基于新发明的市场产品——结局都是可悲的失败或灾难，我输得一干二净。

记住：若是缺乏自制力、清晰的战略及简明的计划，投机者将会坠入股市的情绪陷阱中：见异思迁、摇摆不定、过久持有亏损股、过早卖出盈利股——这一切仅仅因为害怕丧失利润。贪婪、恐惧、冒进、无知与希望都在争夺投机者的精神主导权。接下来，在遭受若干失败和灾难之后，投机者变得消沉、抑郁、沮丧，以致放弃了市场及其提供的致富良机。

制定属于你的战略以及市场交易策略和规则。我以一个过来人的身份提供建议，或许能够扮演引路人的角色，使你免于重蹈覆辙。

然而，最终做决定的还是你自己。

―― 第七章 ――

利维摩尔如何规划他的一天

第七章 利维摩尔如何规划他的一天

冷静、耐心、沉默是维持心理平衡的关键所在。

利维摩尔相信，沉着是一名成功投资者所必须具备的最重要品质之一，他对于沉着的定义是：稳定、平衡、举止有度，沉着的人能够冷静地应对希望与恐惧。

成功所需的另一大素质是耐心——等待适当的时机，即市场因素最大限度地向有利于交易者的方向转化之时，沉着与耐心是成功者的密友。

成功所需的最后一大素质是沉默。不宣布自己的观点，对于个人成败避而不谈，并从成功与失败当中吸取经验。冷静、耐心、沉默都是后天培养出来的品性——对于股票作手而言，它们并非天生的美德。

利维摩尔15岁时便成了波士顿佩恩·韦伯办公室的行情记录员，早年的工作经历给他留下了深刻的印象。在独自交易时，他没工夫和大伙儿一起行动，早期的观察经验使他相信，他人的意见中隐藏着诸多陷阱。即使你清楚这一规则，有时候他人的观点还是会不知不觉地潜入你的意识，导致你的交易受到影响。

利维摩尔的观点是：在股票交易过程中，个人工作场所拥有极其重要的心理学意义，它会对交易能力产生重大影响。他还认为，对真正的交易者而言，交易场所能够带来绝大部分的收入，所以在工作场所上砸钱时他没有半点儿犹豫。他很清楚，一个适宜的工作环境可能意味着大笔交易利润，利维摩尔的办公室是他神圣而不可侵犯的交易场所。

其主要目的是避开令人讨厌的负面影响，尤其是为了防备那些想要给出建议、提供帮助的人，他人的建议是令他在交易中损失惨重的罪魁祸首。

他从来都不想混在一堆股票市场交易者当中，尤其是那帮聚集在经纪人办公室的家伙。其主要原因是，每次他都需要超过一刻钟的时间来进行不间断的思考，对于那些从办公室传出的建议、流言以及有关股票市场的每日新闻解读，他都不感兴趣。

聚集了诸多人等的大型经纪人办公室对他来说是一片嘈杂，在他看来，与这群人待在一起将使其交易受损，他们的个人偏好与真实动机未必与他符合。他的信念是：在工作中保持缄默，不要亮出观点。正如一位朋友告诉他的："我不会采信那些所谓的建议，我更喜欢自己犯错误——而不是犯别人的错误！"在利维摩尔看来，这位朋友是对的。

利维摩尔总是独自从住所到达办公室,他会驾车或是在天气较好时开游艇。他悄无声息地行动,不带任何同伴,因此有机会阅读新闻,并规划好一整天。他这样做是为了避开那些必然会咨询股票市场行情的人;这个话题总是会自动冒出来,因为利维摩尔实在是太有名了。于是他就不得不听到那些建议、流言及预测,它们会不可避免地侵入他的意识及潜意识当中,从而影响其判断力,独自行动可以使他不受干扰地考虑当日规划。他曾借鉴朋友伯纳德·巴鲁克的方法,巴鲁克告诉经纪人:"要是你知道任何有关我手中股票的事……请别告诉我。"

利维摩尔总是第一个到达办公室,紧跟其后的是办公室主任兼安全主管哈利·达赫。行情记录员(通常总数为六人)会在9:00前到达办公室,分别在布告板前的某个位置站定,以便记录当前的股票行情。为了解股票成交量,利维摩尔还会即时查看行情系统,他将主行情牌放在办公室中央的一个高高的讲台上,这样一来,他只要低头或抬头,目光可以轻松地在行情牌和布告板之间切换,观察其持有或感兴趣的股票动向。利维摩尔还租了一条电话线,可直接连入他当时涉足的热门交易项目,譬如钢铁、汽车、邮政或收音机。

他使用最大、最快的行情系统,把它放在差不多与视线相齐的地方,以便轻松地读取数据。事实上,他通常会把行情系统放在较高的位置,这样他就不得不站着读电报。直立可以保证血液循环与呼吸顺畅,他发现这样做有助于在压力重重的交易期间保持冷静,于是给自己定了个规矩:在开市期间几乎一直都保持站姿,这样一来,他就可以得到一点儿锻炼,并使感官更为敏锐,他从不弯腰驼背或四处闲晃。他将市场视为必须全力应对的重大挑战,这是一个不属于懒惰者的世界。即使在打电话时,他也是站着的。

一旦开盘,办公室里的工作人员就不得相互交谈;他要求办公室在开市期间绝对安静。他的电话号码鲜有人知,他还得时常变更号码以避开他人。在工作日,他尽可能不接收或回复邮件,唯一令他感兴趣的是股票市场;这是他唯一的工作,其他一切事情在他看来都是令人不悦的干扰。

在多次堕入陷阱并设法逃脱之后,这份工作最令他喜爱的一点便是孤独。他喜欢独处,成为一头孤狼。发生的每一件事均是基于自身判断,他办公室的构造则尽可能地帮助他避免外部干扰。

他无意与其他任何人分享市场经验——不管是好人还是坏人。他所持的态度是:

第七章 利维摩尔如何规划他的一天

"不管他们有多关心我,或是想帮忙,我的交易都与他们的生活无关,当然他们也帮不了我。"另外,他也不想要别人帮忙。那时他已意识到一个事实:假如你干得好,假如你取得了成功,大部分人都会嫉妒你,并渴望复制你的成功;你要是干得很糟,他们便会幸灾乐祸,告诉朋友们你终于在股票市场上丢尽了脸,这都是因为你轻举妄动,自食其果。因此最好的做法是保持沉默,因为向他人透露你的活动不会带来任何好处。判断正确、善于领悟、跑在行情系统前头所带来的满足感……你一个人知道就够了,用不着宣扬自己的成败。胜负分晓之际往往是为时已晚,无论如何,交易已经结束。

1923年10月5日,为充分实践其新技术和新理论,利维摩尔将办公室从中心城区的百老汇111号迁至第五大道780号的赫克歇尔大厦。他极其慎重地设计了办公室,以期远离华尔街的氛围,远离他人的建议。他还希望在经营业务时享有更多的私密与安全,杜绝其交易信息泄露给任何人。有时候,他会通过50多名经纪人来分散订单,以保证交易的机密性。

在大厦内部,有一部私人高速电梯仅在利维摩尔所租楼层停靠。利维摩尔的办公室占据了整个楼层,在电梯停靠处的办公室大门上,他特意没有贴任何标志。走进这道门,你可以看到一间相当于接待室的小型前厅,里面放着一张哈利·埃德加·达赫(Harry Edgar Dache)的办公桌。

哈利被《纽约新闻报》(*New York Press*)形容为一只哈巴狗,表里如一地丑陋。他足有6.6英尺高,差不多有300磅重,有一张如拳击手般伤痕累累的脸,哈利的高智商掩藏在其外表之下。利维摩尔只面试了半小时,便当场录用了他。哈利曾在商船上工作,并多次环游世界,他会说包括拉丁语在内的6种语言。他是一名如饥似渴、知识渊博的读者,也是一名出色的管理者,他对办公室的管理极为认真,堪称完美。他对利维摩尔完全忠诚,并尽力保护他和他的家人。孩子们喜欢哈利,小杰西和保罗常被他讲述的横跨七大洋的神奇故事搞得激动不已。哈利是孩子们不挂名的家庭教师、私人司机、同伴与保安——尤其是当他们前往棕榈树海岸之时。

接待室里没有窗,只有几张椅子和哈利的办公桌。哈利身后是一道从地板延伸至天花板的通往办公室的结实大门,每扇门上都没有记号或标识。当客人到达时,无论对方是何方神圣,在允许他们会见利维摩尔之前,哈利总是先通过内部通话系统确认预约,然后站起身,掏出钥匙,为来访者打开办公室大门。哈里喜欢这套戏剧化的仪式,以便向来访者展示进入交易室是何等艰难,这一招确实有效。

门后是一个宽敞的开放式房间,里面有一张与房间齐宽的绿色布告板。4~6人在布告板前猫步行进,悄无声息地工作。每人分别负责布告板的某一段,记录活跃在交易市场上的股票或商品,或是列于观察名单上需要密切关注的股票。

这些人均享有丰厚的报酬,并发誓保密;哈利·达赫确保他们将一直忠于利维摩尔。每个人都佩戴与交易所相连的耳机,交易所的工作人员通常会把实时牌价报给利维摩尔的行情记录员,他们会即刻写下各个股票交易的买入价、卖出价及成交价。因此,很多时候他们的工作并不依赖于行情系统,它太慢了。这样一来,利维摩尔便可领先于行情系统,在瞬息万变的市场中,后者往往会滞后一刻钟至一小时。利维摩尔希望得到最新的消息——年轻时的坎坷历程使他认识到,实时牌价有多么重要。

假如交易涉及若干股票或商品,利维摩尔通常会将行情记录员从4名增至6名。这些人整天蹑手蹑脚地工作,不发一言,仅在午休时稍微交谈一会儿,通常这时哈利会顶替他们的工作,所以利维摩尔不会错过任何一个牌价。

这些行情记录员通常会追踪同一行业组里的两只或两只以上股票。假如利维摩尔正在买卖通用汽车股票,那么他同样会追踪克莱斯勒的股票,以观察整个行业组的动向。

办公室中央是一张闪闪发光的红木巨型会议桌,周围摆放着8张舒适的皮质扶手椅。在较为罕见的情况下,客人会受邀进入办公室,而他总是坐在面对布告板的地方,以便在听对方说话时查看牌价。在某些情况下,他会中断会议,走进办公室,然后独自进行交易。

他有一间很大的私人办公室,室内装有橡木与红木嵌板,他在一家古老英国庄园的图书馆中发现这种镶木并买下了它,他将整座图书馆拆卸后搬到了纽约,重组为如今的办公室。

室内有一张高度抛光的红木大型办公桌。桌上放着文件筐、发文篮、便签本与铅笔。旁边是一面与布告板相对的结实而清晰的厚玻璃板墙,这样他便可从办公桌后观察市场动向。哈利每周至少要亲自擦拭一次这面玻璃墙。

桌上摆着3部黑色电话,它们分别与伦敦、巴黎及芝加哥交易大厅直接连通。利维摩尔希望获得最新的第一手信息,并愿意为此花大价钱。他知道,信息和情报是打胜仗的关键,拥有最佳信息和情报的将军最有可能成为赢家。他不希望在战争中遭遇流言,他只想要详尽而准确的信息。

随着年岁渐长，儿子保罗时常来利维摩尔的办公室走动，尤其是在暑假期间。有时利维摩尔会允许他在布告板上工作，行情记录员则会向保罗解释他们受训习得的工作代码。假如一只股票突然出现巨幅波动，他们会用某种密码在布告板上予以标注，只有行情记录员和利维摩尔知道这些代码的含义，这便是他之后所称的"利维摩尔的市场秘诀"(Livermore Secret Market Key)。办公室里的客人有时会问起："J.L.，布告板上那些奇奇怪怪的纵行数字到底是什么？是一种象形文字吗？"

他会这样回答："它们对我来说很有意义。"

"你能给我解释一下吗？"

"不，"他会报以微笑，"假如我说出来，你就会变得和我一样聪明。"

"只要告诉我该买入或卖出什么，在什么时候，这样就行了，说得简单点。"

"你知道我从不推荐股票，不过我很乐意告诉你我对市场将会上扬还是下行的看法。"

"不是上扬就是下行呗，J.L.。"

"当然，你说得对，不过问题在于什么时候上扬、什么时候下行。"

"那么哪些股票会上扬或下行，J.L.？别忘了上扬或下行的总是些特定的股票；这是我们都想知道的——哪些股票会在什么时候上升。"

"如果一个人清楚股市的总体趋势，他就能干得好。"

"随你怎么说，J.L.，随你怎么说。"

某天和保罗在办公室里聊天时，他说："保罗，转身看看布告板。"

保罗转过身，研究那些猫步行进的人，他们就像是训练有素的舞者。

利维摩尔接着说道："孩子，你看，对我来说，布告板上的符号就像一名伟大乐队指挥眼中的音符一样清晰明了。在我看来，这些标志是有生命的，是一种韵律、一种心跳或者一种脉动，它们组成了优美的音乐——对我来说这很有意义。这是我在常年辛勤工作和实践后获得的，就像一名伟大指挥家驾驭一支伟大的管弦乐队一样。看到布告板时的感受是无法与他人分享的，正如一位指挥家以恰如其分的方式指挥莫扎特的作品时，这种感觉也是不能言传的。这块布告板、这些记录员正在为我演出一曲交响乐，金钱的交响乐，它对我歌唱，对我倾诉衷情，我沉浸在它的歌声中。"

那天下午，保罗仔细地研究了自己的父亲，他相信父亲所说的每一个字。如此接近自己的父亲，这是其经历中的罕见一刻，因为父亲是一个极其注重隐私的人，吝于表露情绪和爱。

利维摩尔如何安排他的一天

利维摩尔借鉴了一位伟大的投资者，从而制定了以下规则：控制压力——设法保持头脑清醒、判断无误。利维摩尔尽可能地从生理角度达成这一目标：早睡、清淡饮食、健身、查看股票行情系统时保持直立、站着接听电话、要求办公室保持安静。他制定了这样一项规则：在上班途中不与任何人交谈，对个人股市交易三缄其口。

杰西·利维摩尔是一个自制力很强的人。一周当中，他每天22:00上床睡觉，早上6:00起床。他喜欢在起床后的第一个钟头独处，清晨的时光是属于他自己的。早晨起来是他头脑最敏锐、最容易消化信息的时刻。在长岛的格雷特内克公寓中，训练有素的厨房工作人员会将咖啡和果汁放在阳台上。

佣人们还会为他摆放好包括欧洲和芝加哥报纸在内的各类报纸，终其一生，利维摩尔都是一名如饥似渴的读者。他得用一两个小时来规划好自己的一天，利维摩尔注意到，很少有人会真正地规划自己的一天。没错，他们做事有条有理，他们有事先安排好的预约与午餐、预先规划并记录在册的公务。他们通常会有秘书从旁协助，对于即将到来的会议、办公室的会见对象、将要拨打或接听的电话一清二楚。他们知道为自己安排好了什么，然而，他们实际上是否计划过应完成哪些重要事务？他们是否对日程进行了优先化排序？

在某些特殊情况下，利维摩尔坐在长岛住处的大型图书馆当中，对两个儿子小杰西和保罗谈起了他的生意："孩子们，你们会发现，几乎没有哪个生意人会真正规划好他的一天，来处理最重要的事情。大多数情况下，他的一天已经被布置好了——是他的秘书和员工安排好的，他不过是被动参与的一方。一天结束时，最重要的事情往往还没有被过目、审查或完成。经营复杂企业的重要战略事项比如人事问题、兼并、集资、重要的市场理念（如银行想出分期付款购物的理念）大概还没怎么处理，或者竞争状况可能没有得到仔细的审查或评估，而过后为时已晚。

"我可不是这么做的。在股票市场上，我的行动必须尽可能地建立在清晰的事实之上。正确地做股票需要沉默与孤独，只有这样才能观察形势，对交易当日出现的新信息进行评估与研究，一个人必须始终拥有清晰的市场战略与需要遵守的规则。

"我发现，提起话筒、发出买卖指令是一件简单的事儿。问题在于时机与股票的选择，在于虔诚地遵守你的规则与纪律。

"孩子们，涉足股票市场之后，我早就决定，如果在交易中犯了错，我希望这是我自己的错误。我不需要别人来提供建议或影响我的交易，并因此害我输钱。我从事的这个行当不允许事后检讨，你不是输钱就是赢钱……或者别动你的钱，就这么赚一点儿微薄利息，等待时机到来。

"这就是为什么我要22:00睡、早上6:00起床的原因。慎重且自律的人必须了解一切，无所不知，在任一件事情上有所疏忽的后果都是你无法承担的。有时候，忽视某个因素——无论大小——都会毁掉一切，搞砸你的计划。就像战争年代，士兵的生死取决于将军的计划及其执行计划的充分性，股票市场不允许错误和疏忽。

"人们以为我不过是个投机者或者投资者，能够发现情况并迅速行动，这种看法距离事实相去甚远。我经常在报纸上收集看似无用的小线索，在核实这些信息的真伪并进行背景研究之后，我就会采取行动。

"你问我的一天是怎么过的？通过睡眠恢复精力之后，我在孤独中度过上午的时光，不受干扰地仔细读报。我经常摘取天气预报、干旱、虫害、罢工等具体的小新闻条目，评估它们对玉米、棉花或小麦的影响，这些农产品期货往往会带给我不错的回报。

"我会仔细研究煤、铜、钢、纺织品、糖、棉花、小麦等商品市场的实时价格与动向，以获得实时金融信息，我还会查看汽车销售情况与就业数据。这些信息会带给我某种感觉，通常还可使我形成对美国实业总体状况的正确判断。这不是某个孤立因素，而是大量信息，它们通常能帮我缩小范围，最终锁定某个交易。

"我不光是浏览报纸头条；我读报相当仔细，搜寻那些新闻小条目，它们可能会提供重要线索，尤其是关于某个行业组或是某只股票从疲软到走强(或相反)的信息。

"头条是给那些傻瓜看的。优秀的投机者必须透过新闻的表象，发现事情的真正动向，具有误导性的文章通常是由那些别有用心的人或经纪人炮制的，他们想依靠好消息来推销自己的股票，或是诱导人们持续投资，自己却趁机将股票高价抛售。

"有一次我坐火车去匹兹堡（Pittsburgh），在那里我看到钢铁厂产能利用率不足30％，产能利用率低于20％，且还在下降。换句话说，钢铁股是完美的卖空对象。

"不幸的是，许多股市投资者只知道阅读头条，并且非常轻信。这可不是件好事，因为股市上存在大量陷阱、阴谋与风险，诱人的金钱陷阱往往出现在大笔资金流散之地，譬如股票市场。我发现，你在报纸上读到的东西往往不过是另一种形式的建议，因此读者应当对其读到的股票市场相关信息的来源、动机及影响有所警觉，否则他很可能会受骗上当。

"孩子们，我的一大发现是：想要成为一名成功的股票作手，大清早是先发制人的最佳时机。这时候房子里非常安静，没有人或事会分散你的注意力，在睡了一整晚之后，思维也会恢复活力。

"长大之后，你们就会发现，大多数人不过是在早上的某一刻钟起床，收拾妥当，然后直接去办公室。当然，这群人同样渴望晚上能够出门找乐子，观看电影，欣赏戏剧，享用一道丰盛的晚餐并喝上几杯，换言之，他们在工作日渴望社交或娱乐。这在其他领域大概没有问题，然而若是想在股票市场获得成功，每日如此是非常危险的。一名出色的股票投资者好比是训练有素的专业运动员，只有保持生理上的完美状态，才能继续处于心理上的巅峰。身心必须和谐一致，因为股票市场是最激烈、最令人兴奋的战场。要是以为不付出艰辛的努力，就能够在股票市场轻易、迅速或是持续地取得成功，那么你就错了。成功的投资者必须时刻保持生理上的巅峰状态。"

孩子们总是非常享受与父亲相处的时光，尤其是在他们年岁渐长之后。利维摩尔很少与儿子们长时间相处，他的长子小杰西度过了充满争斗与痛苦的一生，最终在棕榈树海岸自杀身亡。

一周当中，利维摩尔总是乐于放弃22:00至凌晨2:00之间的种种消遣。在这段时光酣然入睡、早上五六点起床，他并不觉得这样有什么损失，终其一生，他将孤独以及在孤独中完成的纯粹数学工作视为真正的乐趣，因为他始终相信，自己在寻找比享乐与社交更伟大的东西。他希望他在股票市场的努力无人能及，而参与并赢得这场游戏能够给予他真正的乐趣与满足。

他的一大发现是：公众确实相信，股票市场是一条致富的捷径。假如他们手中有余钱可供投资，他们相信，股票市场会提供一条钱生钱的捷径。

事实并非如此,过去不是,将来也不会是。利维摩尔注意到,对股票市场一无所知但又义无反顾之人,往往会很快输掉手中的钱。

在利维摩尔看来,要想在股票市场取得成功,你得确保充足的睡眠,并拥有充足的时间,以便不受干扰地研究股票市场的所有要素,你还得记住,在股票市场取得成功的关键在于知识与耐心。成功者少之又少,因为他们缺乏耐心,通常对股市一无所知,并且希望快速致富。

想凭运气赚钱的人最好也远离市场,这种态度从一开始就错了。就一般的股票购买者而言,最大的问题在于,他们以为股市是一种赌博。

人们从一开始就应当意识到,在股票市场中工作需要的研究与准备工作并不亚于法律或是医药业,你得仔细研究股票市场的特定规则,就像法律专业学生为律师生涯做准备一样。许多人将利维摩尔的成功归于运气,诚如利维摩尔所言:"这不是真的;事实是,我从15岁起便开始仔细研究这一领域,我将整个人生献给了它,集中全力做到最好。"

利维摩尔的建议总结

1. 不要亮出观点;
2. 就股票市场的相关问题保持缄默;
3. 不要听取或采纳建议。

假如杰西·利维摩尔还活着,他会建议当今的交易者:如果你想看富士新闻网、微软国家广播或是彭博资讯,那就把音量调成静音吧。

利维摩尔的理念是:永远也不要理睬一位首席执行官说他的公司如何如何,他不过是在扮演拉拉队长的角色。为了至少在交易的现阶段让股价走高,公司执行官常常被驱使着掩盖真相。利维摩尔相信,首席执行官常常就公司状况扯谎。这一点对那些"中立的"分析师同样成立,他们可能暗地里持有股票,或是根据所属公司的命令发布有利报告,交易者可能会被这些信息渠道蒙骗。

媒体可以使交易者失去平衡,因为媒体及其客户可以任何方式随心所欲地编排金融素材。不过,人们说什么并不重要,市场说什么才是真正重要的。例如,某天傍晚,联邦储备银行行长在一所大学做了演讲。媒体断章取义,截取了演讲中的若干词句如"我强烈希望,我们的国家不会陷入一场与欧洲共同市场对抗的战争中",在头条中它成了"格林斯潘称,我们将陷入与欧洲共同市场对抗的贸易战争中——除非我们对销往欧洲的美国商品实施新的制裁与高关税"。

第二天,开市之初,股价大幅下跌。明智的交易者会选择等待,保持冷静,因为他知道这一切终将过去,市场很可能会消化这一新闻,并回到原点。答案隐藏在市场的动向而非人们的说法当中。

当然,这是一个复杂的问题,因为突如其来的新闻,如战争或自然灾害,会对市场产生切实的影响。请不要误解,利维摩尔不关注时事新闻,他每天早上 6:00 起床,逐页阅读晨报。他还拥有直接连通巴黎、伦敦、芝加哥和纽约交易所的电话线路,并时常与交易大厅中的交易者通话。

他也曾因为听取所谓建议而数次遭遇破产。通常来说,人们给出这些建议总是出于好意,它们可能来自朋友甚至亲人,所以听起来非常有吸引力。它们甚至可能来自公司的内部人员(职员与董事),这家公司可能开发了一项新技术或是革命性产品,你或许会被告知,公司将公布这一重大突破。这种内幕消息同样是危险的,因为它可能会成为现实,从而拉动股价大幅飙升。于是交易者因未能有所行动而后悔不已……所以他可能会采信第二条内幕消息。这是利维摩尔一生中的重大教训:这些内幕消息几乎不会带来回报,从长远角度来看,它们令他损失惨重。他的最后一条规则是——不要听信所谓建议——期限是"永远"……

第八章

利维摩尔的基本观点

第八章　利维摩尔的基本观点

每只股票就像人一样拥有个性,一种独一无二的个性——激进的、保守的、亢奋的、紧张的、反复无常的、枯燥无味的、直截了当的、富有逻辑的、可预测的或者不可预测的。利维摩尔时常像研究人类一样研究股票,过了一阵子,股票在特定环境下的反应就变得更容易预见了。

利维摩尔并非发现这一点的第一人。某些交易者在股票市场大发其财,只不过是因为他们对股票的个性加以分析并做出反应,根据其个性特征买入或卖出。但是请注意——有时候,个性也会改变,尽管这并不常见。

利维摩尔坚信,只要股票走势是正常的——在发展过程中表现出盘整、调整、随市场总体趋势波动等正常反应,就不必害怕什么,投机者也无须杞人忧天。股价创下新高这一事实只应对投机者起到激励作用。

另一方面,投机者永远都不能洋洋自得或是放松警惕,以致忽视了股价已到达顶点、转折点正在形成(意味着走势将发生变化,或许还会朝相反方向运动)的种种线索。这里的教训是:对危险信号应当永远保持警惕与敏锐。

在股票市场取得成功的关键在于知识与耐心。成功者少之又少,主要是因为人们缺乏耐心,渴望一夜暴富,且多是在股价上涨至顶点附近时买入。他们不愿在股价下跌时买入,而是等待转折点形成,股价回升——假如股价确实能够回升的话。

从长远角度看,耐心是仅次于知识的重要素质,两者之间其实是紧密相连的。希望获得成功的投资者都应当了解这个简单的事实。另外,在买入前必须做一番调查,以确定你的判断是可靠的。

永远不要因为所持股票增幅缓慢而丧失信心。假以时日,好股票将会大幅增值,它值得你耐心等待。

只有在了解到股票的上升趋势之后,你才应当选择买入。这种情况并不多见——交易者必须耐心等待,适当的时机迟早会到来。

正确把握时机是成为交易赢家的关键之一。利维摩尔的追求永无止境:发展并完善转折点法则——记录交易行情、找出龙头股票及最佳行业组的方法。这些股票交易理论是从诸多经验与努力当中提炼出来的。然而,精神上的挑战永远是他的激情所在,也是他所面临的一大挑战。

不过,正如所有的交易者一样,他同样享受金钱的力量。

股票走势什么时候才会正常?

市场永不眠。有时它们非常迟钝,但不会停滞不前,哪怕是短短一瞬间,市场也在不停地上扬或下行。

假如股票走势趋于明朗,那么在整个波动过程中,它会自动沿着某条特定的轨迹持续前进。

在波动之初,你会注意到,随着价格逐渐上涨,股票成交量会一连数天居高不下。接着利维摩尔所称的正常反应将会出现,基于这种反应,成交量将会比股价上升的最初数日大幅减少。这个小小的反应是正常的,永远不要害怕正常波动,但对异常波动须保持高度警惕,就像对待人格突变一样。

一两天后,股价再度出现波动,成交量也开始上升。假如这种波动是实实在在、不容忽略的,那么在较短一段时间内,自然的正常反应将再度出现,股价也将创下新高。这一强劲势头将持续数天,每日只会引发若干轻微的反应。

股价迟早会到达某个节点,从而再次引发正常反应。此时波动轨迹与第一次反应前后并无二致,因为这是任何股票在走势明朗化之时的自然表现。

在波动的第一阶段,相邻两个顶点之间的差距并不大,然而随着时间的推移,你会注意到,股价增速正在大幅提升。

例如,某只股票的初始牌价为 50 美元。在第一轮波动中,它大概会逐渐升至 54 美元,正常反应或许会使它在一两天内跌回 52 美元。3 天后,它又恢复了上升势头。在这段时间内,股价可能会在正常反应出现之前升至 59 美元或 60 美元。

然而,不同于 1 个点或 1.5 个点的小额跌幅,这一阶段的正常反应所引发的波动可轻易达到 3 个点。数天后股价开始回升,你会注意到,此时成交量远逊于波动之初——买入股票正变得越来越困难。

在这种情况下,波动幅度将比之前大大增加。股价可从之前的 60 美元轻松升至 68

第八章 利维摩尔的基本观点

美元或 70 美元,并且不会遭遇自然反应的阻遏。

此时,正常反应的程度将变得更为剧烈。它可轻易令股价跌至 65 美元,这一跌幅仍属正常。假设正常反应导致股价下跌 5 个点左右,那么后者恢复上升势头也为时不远,并且股价将创下历史新高。这便是利维摩尔的时间要素开始发挥作用的节点,不要被股票搞得团团转。在赚取丰厚的利润之后,你得保持耐心,但不要让耐心束缚你的思维,以致忽视了危险信号,始终保持警觉,不要陷入洋洋自得的情绪之中。

这是一个危险信号:股价再度上升,某日增幅高达六七个点,第二天甚至可能是 8~10 个点,且伴有巨幅波动,然而在交易日的最后一个小时,股价猝然下跌七八个点。第二天早上,股价又跌了一两个点,接着再度回升并强势收盘。然而,到了第三天,出于某种原因,它没能将涨势坚持到底。

这是一个危急信号。

在波动的整个过程中,股票的反应都是自然而正常的。接着突然出现了一个异常反应,所谓的异常是指,在同一天内达到某个极端价格并继续上升 6 个点或以上,这是一种从未出现过的征兆。股票的正常形态发生了异常波动,这是一个不容忽视的危险信号。

在正常的发展过程中,你对这只股票始终保持了耐心。现在,拿出你的勇气和见识来吧,对这个危险信号予以重视,退出交易。

这并不意味着危险信号总是正确无误的,因为,如前所述,就股票波动而言,没有百分之百正确的法则。然而若是对这些信号时刻保持关注,久而久之,你就会获得丰厚的回报。

一名颇具天分的投机者曾告诉利维摩尔:"发现危险信号时,我不会和它讲道理,我不干了!几天后,如果一切看起来都很好,我总是能东山再起。这样可以省下不少钱,也用不着担惊受怕。我是这么琢磨出来这个道理来的,假如我正沿着一条铁道行走,看见一辆特快列车以 60 英里/小时的速度开过来,要是不马上走开,给它让道,我就是个十足的傻瓜。列车经过后,我总是能回到铁道旁边,假如我想要这么做。"

每一个明智的投机者都必须对危险信号时刻保持警惕。

奇怪的是,大部分投机者的问题是,内心深处的某些东西使他们无法鼓足勇气,在适当的时候结清离场。他们犹豫不决,在踌躇中看着市场朝着对己不利的方向波动了好几个点,然后他们会说:"下次价格回升的时候,我就抛空!"当价格开始回升时(这一刻终将到来），他们却忘记了当初的打算，因为在他们看来，市场形势已然好转。然而，这次反弹只不过是昙花一现，市场开始大幅下跌。他们却依然身陷其中，只因缺乏决断。若他们拥有一名向导，就会被告知该做些什么；不仅可节省大笔金钱，还可免于烦恼。

如前所述，情绪是普通投资者或投机者的头号敌人：如果股价曾大幅攀升，如今开始下跌，为什么它就不可能再度反弹？当然，如果其基本面正常，股价会自某个节点开始反弹，但是为什么要存有这样的奢望？你想要股票什么时候反弹，股票就在什么时候反弹吗？很可能是事与愿违；即使一切如你所愿，犹豫不决的投机者大概也没法把握这个机会。

请杜绝一切妄想，每天或每周都进行投机活动的交易者无法取得成功。一年之中仅有几次机会——大概四五次——是值得你付出切实努力的。在过渡阶段，你得等待市场局势明朗化，为下一次重大波动奠定基础。若是能正确把握波动时机，第一笔投资就会帮你掘到第一桶金。从那时起，你所要做的便是保持警惕，关注危险信号，信号的出现意味着你应当退出交易，将账面利润换成真金白银。

记住：当你按兵不动时，那些觉得自己必须每天不停交易的投机者正为你的下一步风险投资提供本钱，你将从他们的错误中获取丰厚的利润。

大多数人无法承受如股票交易这般刺激的投机活动，他们会烦扰经纪人或频繁地接听电话，交易日结束后，他们会在每一场聚会上与朋友谈论股票市场。他们总是时刻记挂着交易，被微不足道的上下波动占据了所有注意力，以致忽略了重大动向。

当市场呈现出某种广泛的趋势时，大部分人几乎是不可避免地走错了方向。当下一次重大变化来临时，执意从每日微小波动中赚钱的人或许会错过这个机会。

时间——交易的第四维度

利维摩尔曾听到过关于某个投机者的故事，这个故事对他产生了重大影响。这个投机者住在加利福尼亚山区，牌价单出来三天之后他才能收到，而在当时他取得了令人瞩目的成功。一年当中有那么两三次，他会打电话给圣弗朗西斯科的经纪人，根据其市场头寸发出买入或卖出指令。利维摩尔的一位朋友曾在其经纪人办公室工作过，他对此感到好奇，并问询了若干情况。当他了解到此人对市场设施的极度疏离、几乎无人往来的社交生活以及某些时候的大手笔买卖时,更是倍感震惊。

最终,他被引见给这个住在山区的交易者。在交谈中,他询问对方,如何能在如此与世隔绝的环境中追踪股票市场动向。

"好吧,"对方答道,"我把投机当成一门生意。要是被各种事情搞得晕头转向,并为细微变化分散注意力,那么我就是个失败者。我喜欢远离这一切,待在一个能够保证思考空间的地方。你看,我在事后记录了发生过的一切,这能使我看清市场动向。

"真正的波动不会在一天内结束,波动的收尾也需要时间。待在山里,我就可以给它们留出充足的时间。但是到了某一天,我在报纸上查到了某些牌价,然后记了下来。我注意到,这些被记录下来的价格呈现出与当前波动不同的形态,一段时间以来,它们都呈现出某种鲜明的形态。"

"就在这个时候,我下定了决心。我赶到镇上,开始忙碌起来!"

在很长一段时间内,这个投机者不断地从股票市场抽调大笔现金,他成了利维摩尔的灵感来源。在听到这个故事后,利维摩尔比之前更加努力地工作,试图将时间要素与其汇编而成的所有数据结合起来。经过坚持不懈的努力,利维摩尔成功地整合了所有记录,这种集成型资料有助于他在预测未来波动方面达到惊人的水准。

时间维度(不同于时机把握)是令利维摩尔着迷的最后一大要素。在去世前的那段日子,他还在进行详细的研究。他相信,在股票市场,时间不是金钱,时间只是时间,而金钱也只是金钱。

市场运作于未来

每一个成功的交易者都知道,市场运作不在当下,而是在未来。股市曾于2002年10月坠入谷底,形成了一个清晰的反转点(见图8.1)。基本上,这一现象为大多数交易者、共同基金及媒体专家所忽略。假如当时利维摩尔还活着,一定会大喜过望!

在股票市场的所有重大波动背后,发挥作用的都是一种不可抗拒的力量,这是所有成功的投机者都需要知道的。必须对当前股价波动保持警觉,并据此采取行动。将世界大事、时事新闻或经济事件与股票市场动向连接起来实在过于困难,事实的确如此,因为股票市场总是走在世界大事的前面。股票市场不在当下运作,也不反映当下;而是基于

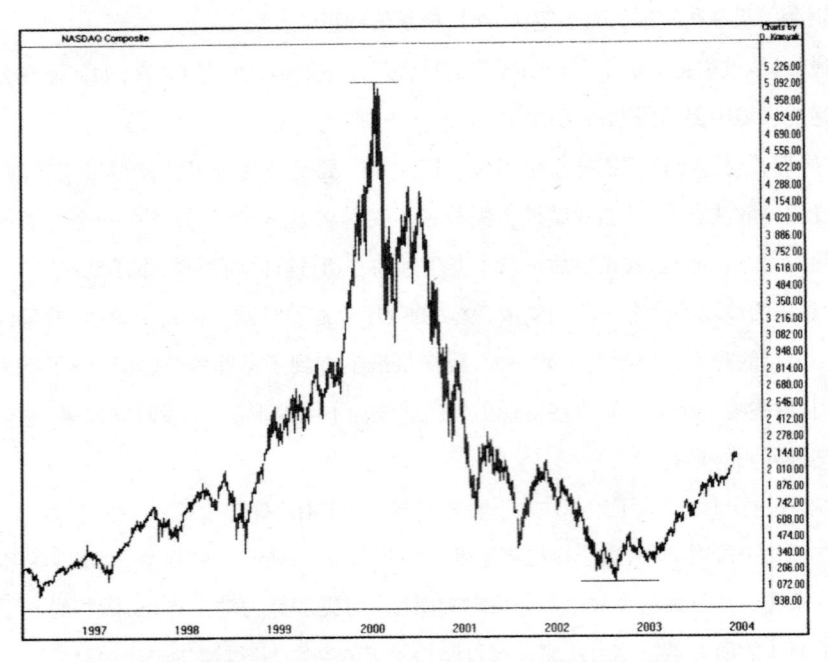

图 8.1　纳斯达克指数在 1997～2004 年间形成了两个反转点

将要发生的一切即未来动向运行的。市场走势常与显而易见的常识及世界大事相左,似乎它拥有独立的思想,多数时候是在蓄意愚弄众人,最终,引发市场波动的真实原因将浮出水面。

　　根据国际收支平衡、消费价格指数、失业数据甚至战争流言之类的经济新闻与时事来预测市场动向是一种愚蠢的做法,因为这些因素通常已经对市场走势产生了影响。利维摩尔并未忽视这些事实,或是对它们始终视而不见,这不是他的做法,但这并不是他用来预测市场的依据。金融专家会用永无休止的事后检验将市场波动合理化,过阵子尘埃落定之后,历史学家将聚焦于经济、政治和世界范畴内的真实事件,以找出市场波动的切实原因。然而到那时,想赚钱却是为时已晚。

　　试图找出市场波动的原因往往会导致剧烈的情绪波动。一个简单的事实是:市场总是比经济新闻先行一步;通常它不会因为经济新闻而延长其反应期。精明的交易者必须明白,市场存在于未来,运作于未来。例如,公司在财务报表中公布其巨额利润,然而股价依然持续下跌——为什么? 因为这些利润早已构成了影响市场运作的因素。

时间作为交易维度

在利维摩尔的晚期交易生涯中,他决定不再长期持有未能按预期方向发展的股票。假如他按规矩行事,等到他所认为的完美时机出现才买入股票,然而在今后数天或是在他看来比较合理的时间段内,股票都未能朝预期方向发展,那么他就会抛空股票。他会等待数天、数周乃至数月,直到股票抵达他所认为的最优点即买入的完美时刻——在这个时候,每个因素均对他有利。假如股票走势不符合预期,他通常会抛空股票,即使股价最后并未下跌他也不会后悔。

为什么?因为成功的交易者必须尽量保持资金流动,正如商人必须保证库存流动一样,这样存货才是新鲜的。经营股市多年的一大教训是:市场上从来不缺乏机会,因此持有现金、按兵不动意味着你的资金、你的库存目前是不活动的,但当它最终在特定情况下得到应用时,将在未来产生巨大收益。实际上,许多人会卖掉绩优股,持有垃圾股,他们同样会持有那些陷于停滞、毫无动静的股票。

请注意:这并不是说股票在上升过程中不会出现正常的调整或盘整趋势。在这里我们讨论的是那些陷于某个交易通道、既不上扬也不下行的股票。你必须确定,该股票是处于被吸收还是被抛售状态。假如形势尚不明朗,那么有时你最好退出交易,而不是承担风险:如果股票正在被抛售,最终朝着对你不利的方向发展以致最后股价下跌,你就会蒙受损失。在这种情况下,给股票一点时间,等待局面明朗化,但若是遇上形势不明的股票,应当立即脱手,开始下一轮交易。

即使股票朝着有利方向浮动了一两点,利维摩尔也时常将其卖出,仅仅是因为他不喜欢那种虚弱或倦怠的表现。他会获得小笔利润或是蒙受轻度损失,这无关紧要,重要的是,股票走势不符合他的分析与观点。因此对他来说,结论总是显而易见的,也是简单明了的——他的判断出现了失误,因此必须退出交易。

有一件事他可以肯定:过去他的判断曾出现失误,将来也会再度出现失误。危险在于,无法认识到自己的失误并及时抽身,有一句古老的谚语是对的——骄兵必败。

他将最糟糕的一种股票称为惰性漂流者,这种股票不会按照你所期望的方式发展,它们只会套牢交易者的资金,四处晃荡,毫无着落。无论何时,只要是不得不将事情寄托于希望之上,利维摩尔就会感觉置身险境。如果仅仅是承担损失,他会知道这是怎么一回事儿,他知道怎样弥补损失,赚取利润。此外,死守亏损或惰性股将产生一种负面的心理效应,并在未来的交易行动中每时每刻都困扰着他。

利维摩尔发现,涉足活力型股票之外的任何股票都是他无法承受的。这是一种占据领先地位、具备内在能量的股票,这种能量或势头始终意味着在市场上交易的可能性——无论上扬或下行、买空或卖空。

他注意到,许多人将买入的股票锁在保险柜中,以为自己的投资是安全的。钢铁、收音机、飞机、石油、铁路或其他数百种安全性不亚于银行存款的股票的持有者都会有这种感觉,然而在利维摩尔的时代,这些股票最终都出了岔子。在他看来,一个人永远也不能假设,一旦买入股票便可坐享未来收益,利维摩尔从不赞同这一观点。

保持资金流动对利维摩尔来说是至关重要的。记住,如果一名商人的部分资金遭到冻结,那么他就得依靠剩余资金赚取全部利润,这会给他造成重重障碍,因为未冻结资金必须发挥双倍的效用,才能补上冻结资金利润微薄或一无所出造成的缺口。

此外,交易者必须明白,在利维摩尔的交易体系中,现金并不等同于流动体系之外的资金,而是应当被视为储备资金。它们可以在适当的时机得到应用,并带来丰厚的回报,利维摩尔常因此而获益。

然而,除了上述理由之外,利维摩尔所称的逝去机会也是保持资金流通的重要原因。资金冻结导致股票作手丧失了许多买入优质股票——能够带来利润与成功的股票——的大好机会。利润之所以遥不可及,是因为他们的资金遭到冻结,无法产生效益。

在这里,希望是魔鬼,随着时光的流逝,它毁掉了上百万名交易者。迅速承担损失,及早抽身;毕竟,不管你是否脱手,损失业已成为事实。

临近去世前,对时间维度的思考使得利维摩尔为其交易体系发明了一项新技术,即使在今天的股票市场上,这项技术就其思想而言仍不失革命性。

在进入某项交易之后,利维摩尔会采用价格止损点与时间止损点。这与他的想法——假如股票走势对他不利,股价浮动若干点后他就会退出,假如股票表现不如预期,他会在若干天内退出——是相辅相成的。

这成了利维摩尔交易体系的生命线,因为他可以借此保证资金流动。这听上去有些自相矛盾,其实则不然;有时候,他将全部资金撤离股市,等待市场选定某一趋势,等待一幅完美的交易远景图呈现在眼前。

"储备资金经常可以在适当的时机在适当的环境中得到应用,并创造出巨大的财富。耐心、耐心、再耐心才是成功的关键,而不是速度。若能善加利用,时间将成为一名交易老手的最好朋友。"

"记住,聪明的投机者总是不乏耐心,并始终持有现金储备。"

——杰西·利维摩尔

在接下来数十年中,当世界股票市场实现数字化与电子化(无人操作)时,这种时间观将变得更具挑战性。多伦多证券交易所和德国 DAX 已进化为无需人类操作的电子市场,世界范围内的 24 小时交易终将成为现实。然而,我们无法预见的是,睡完一觉,第二天早上醒来时,我们将面对的是巨额损失还是可观利润。

请注意:全球交易——或者说日不落的交易模式——始于日本、终于美国,这一概念业已成为现实,离普及不再遥远。事实上,这样做在目前是可行的;不少雄心勃勃的交易者如今已开始实践这一理念,时常不分昼夜地工作。

假如买入的股票走势不如预期,利维摩尔会以一周为大致时限,确定是否应当继续持有。换言之,他会在买入后用 5 个交易日来观察股票走势。

如前所述,他的理由很简单:"我等到心目中的完美一刻才开始交易——买入或卖空。假如股票表现不佳,那么我的判断一定出了什么问题,因为交易开始时我以为万事俱备……很明显,如果股票表现不符合预期,那就是我没能正确地分析形势……因此,我必须取消交易,而不是空等股票走势恢复正常。在所有类似的例子中,我都会在若干天后找到解决方案。"

在这里,比较新颖也比较重要的一点是:利维摩尔不用等到股票朝相反方向发展便可卖出。股票可能停滞不前,或是徘徊在买入价附近,或许它不过是无所作为,日渐衰退。对利维摩尔而言,无论股票表现如何,重要的是其表现离他的期望相去甚远,因此最安全的做法是退出并展开新的交易,或是在股票走势得到证实之后再杀个"回马枪"。

对一般交易者而言,贯彻这一理念远不如看上去那么简单。交易者将陷入情感上的挣扎,因为他可能还未蒙受任何损失。也许你会记起利维摩尔说过的话:交易者需要一个买入或卖出的理由。以下标准可以帮你找到退出的底线:股票走势与你当初买入时的预期不符!这个理由足以令利维摩尔退出交易,这是其交易体系中的关键因素。

交易者所面临的一大挑战是：辨别当前的市场"领头羊"，并锁定欲取而代之的后起之秀。当市场走势发生重大变化时，对交易者来说，最重要的是关注即将被逐出市场的"领头羊"，同时辨别即将在未来取而代之的新股票。

最好的做法是始终追随最强集团中的最强股，不要去搜寻廉价股或是还未够资格进入第一梯队的股票，永远追随在集团中占据主导地位的最强势股票。长此以往，你将获得回报。

利维摩尔的理论与方法源于其对市场永无止境的探索。他相信，交易者永远都是市场的学生，而非主人。他知道，出于种种原因，他永远都不可能完全主导一切，就像一位对大海、潮汐、月相、海员、船体构造、导航星座均有所研究的船长一样。他知道，最重要的原因在于他无法操控天气，气象掌握在上帝和大自然手中。

利维摩尔知道，市场由人类组成，而人类多是由情绪而非逻辑驱动。他知道，人类往往是不可预测的，他们不像天空中的星辰一样拥有稳固的模式，或是如潮汐的涨落般可以预测。人类行为中没有什么东西是确定无疑的，除了不确定性本身。到最后，一名优秀的交易者必须将人类行为作为其研究对象，不过他可以利用最大可能性来增加胜算。以利维摩尔为例，他正确地运用了这一方法，因此数次大发其财，在每个案例中，他的理论均是基于实际交易经验。他的理念总是超越了时代，直到今天，其中大部分仍具备革命性与启发性。时间维度及其在股票交易领域的应用便是其中之一。

时间止损点

请在你的交易军火库中加入利维摩尔之前说过的一段话："进入交易时，我总会在大脑中设定两个止损点：价格止损点与时间止损点。假如股票走势对我不利，股价浮动若干点后我就会退出；假如股票表现不如预期，我会在若干天内退出。随着技术和人类知识的不断扩展，就时间这一主题而言，交易者在未来仍有许多事要做。"

历史在重演

利维摩尔相信，投机是世界上最无一例外地令人着迷的游戏。但是，这个游戏并不适合那些缺乏智慧、怠于思考、情绪失衡的人或妄想一夜暴富的冒险家，这些人都将穷困

第八章 利维摩尔的基本观点

一生。

多年来,当他参加有陌生客人出席的晚宴时,几乎每次都会有人坐在他身旁,与其客套一番,然后问道:

"怎样才能在市场上赚钱?"

早些年,利维摩尔向那些妄图一夜暴富的交易者煞费苦心地解释他们可能遭遇的所有困难;或者彬彬有礼地避而不答,从陷阱中脱身。

到了晚年,他的回答变成了一句简单的"我不知道"。

对他来说,同这帮人磨炼自己的耐心是件困难的事。首先,杰西·利维摩尔对投资和交易都进行了科学的研究,对他这样的人来说,这种问题并不是什么恭维。

这就好比是门外汉询问一位律师或外科医生:"怎样打官司或是做手术才能来钱快?"

与其他行业一样,股票市场的成功之道不过是辛勤工作、持之以恒的研究、自律精神以及永不言弃的坚韧。在深入探讨这个话题之前,我想警告你的是,成功与你定期记录、独立思考并得出结论的恳切与诚意程度是直接呈正比的。

你不能读完一本健身书籍,然后把身体锻炼的任务丢给别人。同样地,你也不能将定期记录的任务交给他人,你必须理解并忠实地遵守利维摩尔的交易体系法则,你还得理解时机、资金管理与情绪控制诸方面,并将它们结合起来,本章将会继续阐释这一点。利维摩尔只能做一名引路人,若是能通过指点使交易者赢多输少,那么他也将为此而感到高兴。

这一信息是为那些具有投机倾向的公众提供的,这里陈述的某些观点与理念直接源于利维摩尔多年来作为投资者与投机者所取得的经验。任何具有投机倾向的人都应将投机当作一门事业,并像经营生意一样对待它,而不是将其视为纯粹的赌博游戏——许多人都倾向于这一错误观点。

假如投机本身就是事业这一前提得以成立,那么涉足该领域的人应当决心以最大的努力来学习并理解它,同时使用一切可获得的数据。40年来,利维摩尔致力于将投机变成一项成功的商业活动,他总是不断地发现可应用于该领域的新规则,股票市场是一次没有终点的旅行。

很多时候,利维摩尔在入睡前仍在困惑,为何他没能预见某次迫在眉睫的波动,第二天清晨醒来时,一个新想法已在他的脑海中成型,事实上,他急切盼望着第二天的到来,希望能够查阅过去的记录,以确定新想法的价值。在多数情况下,这些想法远非百分之百正确,但其中的闪光点已贮藏在利维摩尔的潜意识当中。或许,另一个新想法稍后便会诞生,他会即刻开始工作,验证其价值。

过了一段时间,各式各样的想法将逐渐成形,利维摩尔就会研究出一种具体的记录方法,使其记录更具备导向性。

他得出了一个结论:交易市场、股票或商品投资领域中并无新事。有时候人们应当进行投机活动,有时候则不然。

利维摩尔很喜欢这句至理名言:"你可以赌赢一场赛马,但你没法打败整项赛事。"这句话同样适用于股市操作。有些时候,你可以通过股票投资和投机赚钱,但在一年中,你不可能每天或每周均如此,只有莽汉才会尝试这么做。

为了在投资或交易中取得成功,一个人必须就某只股票的下一轮重要波动形成自己的观点。投机其实就是预测未来动向,为保证预测无误,一个人必须具备明确的预测依据即必须遵循的法则,但他还得谨慎行事,因为人类往往是不可预测的,他们非常感性,而市场是由人组成的。优秀的投机者总会耐心等待,直到市场证实他的判断。

例如,运用你的头脑分析某条新闻可能对市场产生的影响。试着预测这条新闻将对市场产生的心理影响,假如你相信它很可能使市场上扬或下行,不要轻易相信你的判断,要等到市场波动本身证实了你的观点为止。市场反应或许不如你认为的那般强烈,不要在未得到市场证实的情况下抢先行动,在交易中略微滞后是你为证实自身判断所交的保险费。

还需补充的一点是:假如市场在既定时间段内明确呈现出某种趋势,那么一则关于牛市或熊市的新闻可能对它完全不起作用,或是仅产生短暂的影响。此时市场本身可能处于超买或超卖状态,在这种情况下,这条新闻的效果必然会被忽视。这个时候,对投资者或投机者而言,类似情况下的市场表现记录具有不可估量的价值。

这个时候,你必须完全摒弃个人观点,密切关注市场动向。

市场从不出错——观点则不然。

观点对投资者或投机者而言毫无价值,除非市场动向与其观点一致。

如今,没有人也没有群体能够创造或打破市场规律。一个人或许会就某只特定股票

第八章 利维摩尔的基本观点

形成某一观点,相信它即将出现强烈波动——或是上扬或是下行,最终其观点被证明是对的,然而过早推测或急于行动将导致亏损。交易者相信自己判断无误,因此立即采取行动,结果却发现之后股票朝着相反方向发展。此时市场成交量减小;他感到疲惫,抽身而去。若干天后,情况或许会好转,于是他再度进入市场,然而没多久股票再次朝着不利的方向发展。于是他又一次对自己的观点产生了怀疑并抛空了手中的股票,最终,股价开始上扬。由于之前仓促行事,一连两次空手而归,他已丧失了勇气。或者他很可能进行了其他投资,因而无力再度入市。因此,他在时机尚未成熟时贸然采取行动,当真正的波动开始时,他却已彻底出局。

这里需要强调的一点是:在就某只股票形成某个观点之后,不要急于开始交易。关注股票走势,等到观点得到证实后方才买入,你需要一套基本原则作为行动指南。

利维摩尔的经验证明,投资那些一开始就能带来利润的股票或商品,能让你在交易中真正赚到钱。

利维摩尔的交易操作主要是由转折点驱动的。如前所述,他总是试着在正确的心理时刻——波动势头极为强劲、股价只可能一路涨/跌到底时——开始第一笔交易。这时候的股票只能顺势而动,事实上也的确如此。然而在其职业生涯中,正如许多其他投机者一样,好多次利维摩尔都缺乏耐心等待确切信号的到来,因为他时刻都想在市场上赚钱。

既然他的经验如此丰富,这样做有何不可? 答案是:利维摩尔也是普通人,并拥有人类的弱点,就像所有投机者一样,他让正确的判断臣服于急躁的情绪。

利润总会管好自己,损失则不然。

投机者必须承担最初的轻微损失,从而避免更大的损失。这样做可保持一切井然有序,在未来的某个时刻,假如他有一个建设性的想法,他就仍有能力展开下一场交易,当初犯错时他能买入多少股,到时候仍旧能够买入多少股。

投机者必须充当自己的保险经纪人,其持续经营的唯一途径便是保护好自己的资金账户,永远不允许损失超过一定数目,以致威胁到将来他对市场判断正确时的经营活动。

确实有那么几次,市场走势出现逆转,这个时候,精明的交易者能够设计出某种特定的方法(规则)作为行动指南,从而在第一笔交易时做出正确的判断。成功的投机活动并不仅仅是猜测,为了能够持续不断地取得成功,投资者或投机者需要一套规则作为行动向导。某个交易者——譬如我自己——所采用的特定规则可能对他人毫无用处，因此交易者或许想要创造一套属于自己的市场交易组合法。独立思考是利维摩尔的标志，在股票市场取得成功的途径也不止一条。

没有任何交易向导是百分之百正确的。因此，假如股票走势不符合预期，你必须立刻决断：时机尚未成熟，应当退出交易。

若干天后，或许你的向导会发出再度买入的指示，所以你可以杀个回马枪，这一次你的向导可能是百分之百正确的。利维摩尔相信，任何愿意花费时间、不厌其烦地仔细研究股票市场的人，都能在一段时间后建立一套有助于未来经营或投资的行动指南。

利维摩尔说："许多伟大的交易者都会定期保存平均数图表或记录。他们从各个角度追踪这些数据，毫无疑问，平均数图表有时会显示出某个明确的趋势。但我个人从不看好图表，我认为，总的来说它们会把人搞晕。不过，我对定期记录的狂热并不亚于那些图表爱好者，也许他们是对的，我也许错了。

"我之所以更喜欢记录，是因为我的记录方法能清楚地显示正在发生的一切。然而直到我开始考虑时间及时机要素之后，这些记录才在预测未来重要趋势方面真正起到了作用。我相信，若是能以适当的方式进行定期记录，同时考察时间要素，一个人便可在预测未来重要趋势方面达到相当精确的程度，不过这么做需要耐心。

"熟悉某只股票，或是不同行业的股票，若是能在定期记录的同时正确地解析时间要素，那么你迟早能够确定重大波动将于何时到来；若是能正确地解读记录，那么你便能识别任一行业中的龙头股。

"交易者必须亲自做定期记录，不要将这件事交给他人。你会惊讶地发现，这样做能够激发如此之多的新想法。想法是别人给不了的，因为它们是你的发现、你的秘密，而你确实应当把它们当作自己的秘密。"

第九章

利维摩尔名言
——交易真理

第九章　利维摩尔名言

杰西·利维摩尔也许是证券市场历史上被引用次数最多的一个人。

接下来的这些大量引言是按照本书结构分类整理的,它们应该对所有的股票作手都有所裨益。

预　期

通过持续的努力我终于把我的行情记录理顺成册,而它们在我预测未来趋势时所起的作用非常惊人。

为了能够成功投资或者投机,你必须先研究某一股票,了解其未来的重要动向。

要使预测准确无误,你必须有准确的预测基础。

直到我开始考虑时间因素,我的那套行情记录才开始真正帮助我预测未来动向。

当你把过去的行为研究透彻之后,你自然就能够准确地预测未来。

我的确有一个预测未来动向的基础,如果有人愿意研究这些行情记录并且不断总结,他们在操作中必定能够获利。

时间和经历可以使你的某些能力不断加强,在市场出现预兆之前你就能意识到自己的错误。这是一种潜意识的暗示,是基于对过去市场表现的认识向自己发出的信号。我通常会怀疑这种内在的暗示,更乐意运用生硬的科学公式。但是很多情况下的事实证明,如果我重视我的极度不适感,将会受益匪浅。

这一看似奇怪的发现其实很有趣,因为只有那些对市场动向敏感的人,那些通过合理推理观察价格动向的人,才能感知未来的危险。

从这些行情记录中你能够找到一张寻宝图,帮助你确定重大的价格趋势。

买　入

不要因为股票从先前的高位大幅下跌而去购买该股。

我的交易原则是这样的，当我根据我的行情记录观察到上涨趋势时，只要股票经历正常的跌价后开始上涨，我就立即买入，这一点也许出乎很多人的意料。

我从不买入正在下跌的股票，也不卖出止跌反弹股。

每一笔买入交易必须高于上一笔的价格。

如果你预期某只股票一旦开始上涨将会到达某个点，而该股确实上涨到了该点，那么此时你就应该买入第一笔。

这就是为什么你的实业家内部人朋友，可以轻松地告诉你何时买入，却永远不会也不愿意告诉你何时卖出，因为这近乎出卖同僚。

行业趋势/龙头股

股价上涨，并在更高的价格区位交易，这种情况必须持续几天，每天最多只能有微小的跌价。迟早有一天股票会经历正常的跌价，它应该与之前的跌价幅度相当，因为任何股票，只要它的走向确定，它在股市上的表现都是如此。

熟悉一只股票，或者不同行业的股票，如果你得出的交易时机符合行情记录，那么你迟早能够确定股票何时将有大的动向。

我想说的是，当你清晰地看到某个行业的动向时，就要采取行动。

要有耐心，慢慢地等，到时候在其他的行业，你也会像在第一个行业中那样获得灵感。

如果你无法从龙头股获得收益，你也不可能从整个股市有所收获。

随着时间推移，会出现新的领头羊企业，而原先的龙头股也将陨落。只要有股市存在，这一规律就永远不会改变。

必须记住，今天的龙头股在两年后未必仍处于领军地位。

只有把价格记录下来并且不断研究，你才可能最终了解价格规律。

我不会把个股的走势作为大盘走势的风向标。

损　失

当股价下跌时，投资者通常都会犹豫。在他们犹豫的这段时间里，股票就会进一步下跌。

利润通常可以自行运转,而损失却不能自我修复。

投机者只有快速认赔出场,才能防止自己遭受大额损失。

本来很简单,只要对照股票的业绩表就能够知道绩优股,在我那个年代,这是投资的金边法则,但现如今这一法则收效甚微甚至已完全失效。

所以股市暴跌时,那些所谓保守投资者的钱财就在持续的财富再分配中消失殆尽。

我可以很自信地说,仅仅投资的损失不会太大,相比之下,投资者如果任投资自行运转,损失就会大得多。

一个好的投资者会妥善行事,把他的损失降到最低,并且等待一个更好的机会重新进入投资市场。

如果你的第一笔交易遭受损失,那么再投钱就是蛮干。

"绝不要摊低成本。"一定要把这个想法深深地刻在你的脑子里。

如果你遵循法则,那么到手的钱就不会轻易地失去。

每当我失去耐心,不是等待转折点到来的时机,而是快速交易企图早早获利的时候,我就总是赔钱。我之所以损失,完全是因为缺乏耐心,不再等待适当的时机,以支持我预先的想法和计划。

市场会通过让投机者赔钱的方式告诉他,他错了。

当投资者意识到自己错了的时候,就应该立即收手认赔,然后研究记录找出错误的原因,等待下一次大好机会。

市场动向

市场从来不会一成不变。

有时市场形势出现震荡,但是股市价格不会一成不变,要么上涨、要么下跌。

在一开始,你会发现市场成交量巨大,在一段时间内价格逐渐攀升。

不要担心正常范围内的波动,但是当波动超过限度时就要当心了,这相当于本质特征的重大变化。

短线投资者往往太专注于个股起伏,而忽略了大盘走势。

当大盘在酝酿趋势时，几乎大部分的投资者都站错了队。

如果投机者执意要每日从个股起伏中获利，那么当真正的市场机会来临时他们永远无法把握。

真正的趋势不会一开始就结束，它需要时间来完成。

只有当市场走势本身证明你的观点时，才能相信你自己的判断。

市场从不会出错，但观点经常是错的。

你会发现我通常在心理时机上做首笔交易。所谓心理时机是指市场趋势在这一时刻如此之强以至于它无法阻挡。

你的投资可能会给你带来丰厚的利润，只要大盘趋势不给你退出理由，那就相信自己的分析，勇敢地坚持下去。

我不用"熊市"或"牛市"的概念来定义市场趋势，因为我认为，当人们听到这样的表述时，想当然会把它当作长时间内市场的走向。

这样清晰的趋势不常出现，大概每四五年仅出现一次，但是这期间有一些比较清晰的相对短期趋势。

因而我使用"上升趋势"和"下降趋势"这两个词，它们恰如其分地表达了市场在一定时间内即将发生的情形。

根据30年的经验，我总结出一套利维摩尔股票交易方法，这一方法结合了价格记录和时机因素，它能引导我认清市场将来的趋势。

我频繁地发现，当一只股票卖到每股50美元、100美元、200美元甚至300美元时，接下来几乎是无一例外地要经历一次大跌。

记住，当运用转折点预测市场趋势的时候，如果股票越过转折点后没有按预期那样表现，这就是一个危险信号。

我认为最重要的一点是，当股票越过转折点时，必须仔细观察。

当上升趋势到达转折点之后，迟早会出现危险信号。

每当市场走向异常的时候，你有足够的理由改变主意，而且要改变得快。

资金管理

投机者要避免大量损失，就必须在最初出现小额损失时认赔出场。

投机者要扮演自己的保险经纪人，确保投机事业持续下去的唯一抉择是，小心守护自己的资金账户，绝不允许亏损大到足以威胁未来操作的程度。

所以投资者必须看好自己的资金账户，即使在冒险投机时也应该如此。

如果你有盈余收入，不要将其委托给他人。

我不想在此赘述，只告诉大家，不要摊低成本。这方面唯一靠谱的建议是，把握好你的底线，一到底线就关闭户头，因为你站错队了。

在任何一次投机中，涉足投机行业的人都应该把资金风险控制在一定范围之内。

现金之于投机者就如同货架上的货物之于商人。

投机者应该立下一个规矩，每次他生意成功，就把一半的利润放入一个安全的保险柜。

投机者能从华尔街拿出来的钱全都是那些生意成功后放在保险柜里的钱。

一般的投机者从经纪账户中拿钱的时间只能是当他无头寸敞口或是有盈余资金的时候。

在经纪人账户或是银行账户里的钱和你自己手中的钱是不一样的，因为后者你可以时不时地摸一摸。

当投机者足够幸运赚到了初始资本两倍的钱，那么他应该立即取走一半的利润作为储备。

鉴于这些一般的交易原则，我要说的是，太多投机者随性买入卖出，几乎在同一价格买入，这是错误的，也是危险的。

立下规矩之后，要确定你愿意冒险的资本金。

利　润

取得一定利润之后，你要有耐心，但是不能在耐心的温床上迷失，以至于忽略了危险信号。

但是，如果你持续关注危险信号，长此以往就能获得丰厚的回报。

如果你认准认对了趋势，那么第一笔投入就会给你带来利润。

此后你所要做的就是保持警觉，一发现危险信号就收手，把账面利润换成真实的货币。

如果投机者执意要每日从个股起伏中获利,那么当真正的市场机会来临时,他们永远无法把握。

经验告诉我,只有当股票或是商品从一开始就表现出利润空间,才能从中获利。

只要股票反应正常,市场也正常,就不要急于取出利润。

你已经知道你的判断是对的,因为如果不对,就不会盈利。

利润雪球可能会越滚越大,只要大盘趋势不给你理由退出,那就相信自己的分析,勇敢地坚持下去。

每当我失去耐心,不是等待转折点到来的时机,而是快速交易企图早早获利的时候,就总是赔钱。

你会发现,这样得来的利润比任何在他人建议或指导下得来的都令人欣喜。

如果事实上你在交易中赚钱了,那就证明你是对的。

我通常太急于把账面利润转换成现钱,而我本应该更耐心地把交易玩到底。

卖　空

很多人会在股票经历了长时间的上涨后卖空股票,因为他们觉得股价似乎过高了,这时他们往往会损失资金。

我从不买入正在跌价的股票,也不卖出止跌反弹股。

我发觉,当股票越过转折点时如果不够坚挺,我会很容易卖掉股票。确实,有很多情况我都降低仓位,进入空方。

与买入道理一样,在卖出时,除非每一笔交易都低于上一笔的价格,否则不要再卖出。

在充斥恐慌的市场中,因为卖空者由于必须回补头寸而自愿买入股票时,那些卖空者作为自愿买家,扮演了市场急需的稳定者角色,这显示了卖空者在投机市场的价值。

股　票

股票像人一样,有其习性和特征。有一些股票绷得紧,很紧张,跳跃大;另一些则比较直接,更加理性。

一个聪明的投资者会逐渐认识和尊重单只股票,这些股票在不同条件下的走向是可以预测的。

当股票呈现一个明确的趋势时,它会在整个过程中沿着一定轨道持续地自动运行。

接下来就会出现我称之为"正常跌价"的现象,这种情况下卖出量相比价格上升的那些天会大幅缩水。

要成功投资或投机,你必须对某只股票未来的动向有一个清晰的想法。

熟悉一只股票,或者不同行业的股票,如果你得出的交易时间符合行情记录,那么你迟早能够确定股票何时将有大的动向。

当股票开始下跌时,没人知道底线在哪里,同样也没人能猜到在一轮上升趋势中顶点在哪里。

交易/投机

我不会说危险信号总是对的,关于股票波动,没有任何一个规则是百分之百可靠的。

当危险信号传递到我这里时,我会毫不犹豫地撤退。如果过些天一切正常,我还可以重新进入市场。

任何一个明智的投机者都时刻警惕着危险信号。

奇怪的是,大多数投机者的问题在于,有种内在的阻力使他们在该收手时没有勇气收手。

我要再一次强调,人性是一般投资者或是投机者最大的敌人。

对这些把投机当作正经生意的人,我要说的并且要特别强调的是,必须剔除单凭主观意愿的想法。

如果投机者执意要每日从个股起伏中获利,那么当真正的市场机会来临时他们永远无法把握。

我以谨慎的态度对待投机。如果我考虑事情过多,或是因为微小的变动分散了精力,那么将一事无成。我喜欢让自己处于能清醒思考的状态。

投机是世上最刺激的游戏,但它可不是蠢人、懒人、情绪不稳定或是想快速致富的人该玩的游戏，他们会输得很惨。

然而我逐渐意识到，如果投资者得到好的指引或者说有一个风向标，他们中大多数人还是乐意钻研学习，以获得理想的结果。

从实践中我得出我的"交易时机"理论，我把它当作成功投机最重要的因素。

但是在我们进一步探讨之前，我要提醒你，你成功的概率是和你的努力程度呈正比的。你必须自己记录行情，进行独立思考，做出自己的判断。

如果你读一本关于"如何保持身体健康"的书，但是不去身体力行，就不可能有所成效。

任何想要投机的人都应该把投机真正当作一种事业去做，而不是像很多人那样把它当作一种纯粹的赌博。

如果我关于投机本身就是一种事业这一前提成立，那么从事这一事业的人应该尽量利用可能的信息，学习和了解其中的规律。

令我高兴的是，我的理论和实际操作已经证明，在股票和商品投机或是投资事业中，没有什么新的东西。

关于投机一事时机很重要，该出手时就出手，不该出手时就绝不行动。

有时候投资于股票确实能够赚钱，但是如果每天或每星期频繁交易，那么持续赚钱就不太可能了。

为了能够成功投资或投机，你必须对某只股票未来的动向有一个清晰的想法。

当今世界没有哪个人或哪一群人能够创造或摧毁市场。

经验告诉我，只有当股票或是商品从一开始就表现出有利可图时，才能从中获利。

满怀希望是人类的显著特点之一，担惊受怕同样是另一个显著特点，然而，一旦你将希望与恐惧这两种情绪搅进投机事业，就会面临极其可怕的危险，因为你往往会被两种情绪搅糊涂，从而颠倒了它们的位置——本该害怕的时候却满怀希望，本该有希望的时候却惊恐不宁。

投机者要避免大量损失，就必须在最初出现小额损失时认赔出场。

投机者要做自己的保险经纪人，确保投机事业持续下去的唯一抉择是，小心守护自己的资金账户，绝不允许亏损大到足以威胁未来操作的程度，留得青山在，不怕没柴烧。

成功的投机并不是依靠单纯的猜测。

第九章 利维摩尔名言

为求持续成功,投资者或投机者必须寻找规律。而我运用的某些特定规律对其他人来说也许毫无价值。

有一点要切记——不能在投资中进行投机性的冒险,不要成为被动的投资者。

在股市中有这样一种倾向,人在成功之后会变得不谨慎或者野心膨胀。

所有投机者都会犯一个重大的错误,那就是想在短时间内迅速致富。

通常对于投机者来说,25%的收益微不足道,他们想要的是100%。然而他们计算错了,他们没有把投机当作一种事业,没有运用好商业准则。此处我要说明的是,投机本身就是一种事业。

要防止自己被兴奋、恭维或诱惑干扰。

投机者希望交易,而经纪人不仅希望而且经常鼓励投资者进行过多的交易。

不知情的投机者会把经纪人当作朋友,听从他们的建议。

除非你确信投资不会带来财务危机,否则不要交易。

每当我耐心地等到市场出现我所说的转折点,然后开始交易,我总能够赚钱。

我发觉,当股票越过转折点时如果不够坚挺,我会很容易卖掉股票。确实,有很多情况我都降低仓位、卖空股票。

然而,有一些其他的方法能帮助判断转折点。

如果交易成功是基于你自己的判断,那么你会有一种无比的喜悦和满足感。

如果你自己去观察,按照自己的方式交易,耐心点,并且注意危险信号,你就会总结出合适的交易思路。

很少有人能根据别人偶尔的建议而在交易中赚钱,很多人乞求信息,却不知道如何用它。

为把投机当作事业,你要自觉地观察所有市场,等待大好时机的到来。

如果有人按照我的行情记录方法在将来比我获利更多,我也不会觉得奇怪。

然而,有人也许会从这些基本方法中总结并运用新的方法,这将会提升我这套方法的价值。

鉴于这些一般的交易原则,我要说的是,太多投机者随性买入卖出,几乎在同一价格买入,这是错误的,也是危险的。

如果我因为违背合理的投机程序,做出错误判断,然后迁怒甚至厌恶市场,这就太不理智了,而不理智在投机的任何时候都是最忌讳的。

任何人都在学习,我也一样,我很早就已经学会出错时不找借口,勇于承认并且设法从中获益。我们犯错的时候自己心知肚明。

市场会通过让投机者赔钱的方式告诉他,他错了。

记住,在所有市场上,千千万万的投机者中只有少数全身心地投身于投机事业。

警惕内部消息……所有的内部消息!

在投机和投资中,成功只属于那些为它付出努力的人,这一点如何强调都不为过。

天上掉馅饼的事是不可能的。

就算天上真的会掉馅饼,也没人会帮你去捡。

我坚信,未来成功的谨慎投资者只会选择在心理时机上交易,而且他们最终会比只有投机思想的人赚得更多。

关键是要抓住市场动向,判断市场趋势什么时候开始、什么时候结束。

成交量

一两天后,新一轮的走向又将开始,成交量也将上升。如果市场动向如你所料,那么在短暂的正常跌价后市场就会恢复,而股票也会在一个新的高位运行。

交易什么

我是说,不要同时专注太多种股票。观察几只股票比一堆股票要容易得多,上限是10只,最好5只左右。同时管理太多股票肯定不安全,你会迷惑,会纠结其中。

你只需研究当天绩优股的动态。

分析市场中的几个行业就可以了,你会发现相比研究整个市场,这种方法更容易把握大局。

商业活动通常会提供很有参考价值的转折点。

交易时机

此时"时间因素"就要发挥作用了,不要白白浪费了股票的好行情。

在股票走势正常的时候，你有充分的耐心跟定它，如果出现危险信号时，你也要有勇气，理智地撤退。

交易者如果每天或每星期都投机，就不可能获得成功。一年中只有几次机会你可以出手，也许就只有四五次。

如果时机判断正确，那么第一笔投入就会给你带来利润。

记住，当其他投机者觉得他们必须每日买入卖出，而你静观其变时，他们是在给你下一次出手做铺垫。

你可以通过记录和研究股票价格变动行情、变动的过程以及时间因素，来克服某些弱势。

从实践中我得出我的"交易时机"理论，我把它当作成功投机最重要的因素。

如果你要仿效我在接下来几页中说明的这种把时机和价格结合起来的交易方法，那么你就要自己动手，记录行情。

对于某一只股票，你可能有自己的看法，认为它会涨或是会跌，也许你最终是对的，但是如果你鲁莽地过早行动就很有可能赔钱。

在这里我想强调的是，如果你判断了某一只股票的走向，不要急于行动，首先要等，要观察这只股票或整个市场股票的动向。

要有耐心，要等到股票变得活跃了，到达新的高点时再出手。

有很多次我跟其他投机者一样丧失了耐心，没等市场的确定信号就行动了，我想在任何时候都盈利。

我也是人，也会受制于人性的弱点。与很多投机者经历的情况一样，焦躁占了上风，使我无法正常判断。

直到我开始考虑时间因素，我的那套行情记录才开始真正帮助我预测未来动向。

熟悉一只股票，或者不同行业的股票，如果你得出的交易时间符合行情记录，那么你迟早能够确定股票何时将有大的动向。

试着遗忘股票过去的浮动范围，而要根据时间和价格模型去研究股票。

我的交易原则是这样的，当我根据我的行情记录观察到上涨趋势时，只要股票经历正常的跌价后开始上涨，我就立即买入，这一点也许出乎很多人的意料。

我的经历一次次告诉我，如果股票要上涨或下降时，我没有第一时间行动，那么收益将甚微。

如果你耐心等待，那么市场会及时告诉你何时收手，就像它会告诉你何时该出手一样。

罗马不是一天建成的，真正的大趋势不会一天或者一星期就结束，它需要时间来上演。

很重要的一点是，市场动向的大部分是在最后48个小时内上演的，这也是最关键的时刻。

根据30年的经验，我总结出一套利维摩尔股票交易方法，这一方法结合了价格记录和时机因素，它能引导我认清市场将来的趋势。

自从我把时间因素和价格运动结合起来后，我的行情记录就开始显灵了。

当投机者能确定股票的转折点，分析出股票在该点的走向，并且确定自己一开始就判断正确时，那么他就应该相信自己。

这再次证明了一点：只有那些耐心等待并利用转折点的投资者才会得到回报。

通过记录股票价格行情，并把时间因素考虑进来，你能找到很多转折点，从而判断出哪些股票很快将会有动向。

只要你持之以恒，转折点到来时不要错过，那么你就不会错过机会。

但是时机非常关键……缺乏耐心会让你付出代价。

我之所以损失，完全是因为缺乏耐心，不再等待适当的时机，以支持我预先的想法和计划。

我通常太急于把账面利润转换成现钱，而我本应该更耐心地把交易玩到底。

当上升趋势到达转折点后，迟早会出现危险信号。

当然这一方法要成功必须依靠勇气，当你的行情记录给你信号时，要赶快行动，不能犹豫不决。

如果你等别人给你解释，告诉你原因，那么行动时机就会流逝。

要找到买进或卖出股票合乎逻辑的好理由，这是不可能的。就算你等到了，你也已经错过了行动的最佳时机。

第十章

利维摩尔交易规则总结

第十章　利维摩尔交易规则总结

不要去考虑事情为什么会发生，你只要看正在发生什么。你最终总会知道原因，但是到那时候游戏已经结束，要赚钱就太迟了。

分析错误，从错误中学习，不要重复犯错。利维摩尔认为要达到这一点，你必须首先了解错误，找出交易中错误的具体所在，从而避免重蹈覆辙。

争取尽可能多的有利因素。当所有的因素都有利于利维摩尔时，他就会成功，他自己也总结说，有利因素越多，就越可能成功。

没有一个交易者能够时刻立足于市场上。有太多时候你应该退出市场，收好你的现金，耐心地等待下一次完美的交易。

确定整个市场的运作方向。利维摩尔把这个称为"最小阻力线"，他不会采用熊市或牛市的说法，原因在于，他认为这些概念会固定人们的思维，把市场定位在上升或下降的趋势上，结果导致交易者先入为主地预测交易和市场方向，这是危险的，甚至是致命的。

不要试图预测市场下一步的动向，你只需要跟着市场呈现出来的迹象和信息行动。经验告诉我，只有当股票或是商品从一开始就表现出盈利，最终才能从中获利。

利润通常可以自行运转，而损失却不能自我修复。投机者应该快速认赔出场，才能防止自己遭受大额损失，这种有效的账户管理使投机者在以后形势好的时候，能处于有利地位，把当初赔的钱赚回来。

只要股票反应正常，市场也正常，就不要急于获取利润。你已经知道你的判断是对的，因为如果不对，就不会盈利。让利润自行运转，雪球可能会越滚越大，只要大盘趋势不给你理由退出，那就相信自己的分析，勇敢地坚持下去。

不要一次涉足太多的股票。记住，遍地撒网是很危险的，管好几只股票比管好一堆股票要容易得多。几年前我就犯了这样的错误，为此我也付出了代价。

一名成功的投机者应孜孜不倦地学习三样东西：

1. 市场时机——什么时候进入或退出交易。就像利维摩尔的朋友、棕榈滩赌场老板布莱德利说的那样：什么时候出手，什么时候收手。

2. 资金管理——千万留着现金。不要丧失你的筹码，那是根本。没有现金的投机者就像没有库存的商店老板。现金是投机者的库存、他的生命线、他最好的朋友。没有现金,游戏就结束了。所以不要丧失筹码。

3. 控制情绪——在能顺利地玩转市场之前,必须有一个清晰准确的战略,并且要坚持己见。在股票市场投资之前,每一个投机者都必须制订明智的作战计划,这一计划必须同他的性情相适应。投机者最重要的是,要控制自己的情绪,要记住,股票市场从来都不是理智、逻辑或纯粹的经济驱动的,而是人性驱动的,这一点永远都不会改变,怎么可能改变呢?这是人的本性!

只有当你把钱投进去了,才能知道你的判断是否正确。如果你不把钱放到桌面上,永远无法测试当初的判断,因为你无从测试情绪。我也相信,只有情绪而不是理智才能左右股市的方向,就像生活中大多数重要的东西如爱情、婚姻、孩子、战争、性、犯罪、激情和宗教一样,理智很少能左右人。

这不等于说,像销售额、利润、政治和技术这些东西对股票的最终价格没有影响,这些因素也会对股市整体价格和个股产生影响,但情绪是决定力量。

市场是有周期的。我相信轮回,无论是生命轮回还是市场周期。这些周期就像一波波的海浪一样,当形势好的时候就出现高峰,而当形势变差时就出现低谷。周期通常不期而至,没有征兆,你必须谨慎对待,要有自信和耐心。研究股市就是研究周期,当风向转变时,市场就会有新的趋势,直到这股势头减弱为止,这就如同惯性。所以记住,不要阻挡趋势,不要和市场对抗。明智的投机者知道,如果他无论市场形势好坏都不怕交易,那么总有办法赚钱。

利维摩尔交易规则的精华

很久之前我就意识到股市从来不会是透明的,它在大多数时候会迷惑大多数人。我的规则通常意味着控制人的本性:

1. 尽速认赔出场。
2. 在你采取行动之前,必须确定你的判断。
3. 如果没有好的理由退出市场,那么就让利润雪球越滚越大吧!
4. 要追随龙头股,而每个市场都有各自的"领头羊"。

5. 把你关注的股票类别限定在一定范围之内，这样才能全神贯注。

6. 股票上涨到新的历史高点很可能是崩盘的信号。

7. 买进大幅跌价后的便宜股通常看似合算，但是它们会持续跌价，或者至少不再涨价，所以别去碰它们！

8. 利用转折点找出趋势，以及证明大盘趋势的证据。

9. 不要和市场对抗。

无论熊市、牛市都可以交易。在一个自由的市场制度中，价格会浮动，不会永远上涨，也不会一直下降。这对于警惕的投机者是好事，因为不管熊市、牛市，他都可以赚钱。

市场形势有 1/3 的时间上涨，1/3 的时间震荡，1/3 的时间下跌。如果交易者只做多头市场，那么他就浪费了 2/3 的时间。空头市场对于精明的交易者来说，也是有利可图的。

快速认赔出场。当损失超过投入资金 10% 的时候就应该退出了，利维摩尔是在投机商号学到这一点的，那里的底线就是 10%，超过了就自动出局。这也是关于资金管理的规则。

在交易之前争取尽可能多的有利因素，遵循按部就班交易法。赚大钱是靠等的，不是靠想的。一旦你采取行动了，下一个艰巨的任务就是耐心地等待行情。通常你会忍不住诱惑见好就收，或者因为害怕失去已经到手的利润而卖掉股票，这一错误已经使上百万的投机者损失了几百万美元。确保你有足够的理由买进股票，同样也要确保有足够的理由卖出。只有大起大落的市场才能赚大钱。

当所有的因素都有利于你的时候才开始介入。没有人能够在任何时候都玩转市场，有些时候你必须完全撤出。

要迅速认赔出场，不要有丝毫犹豫。人犯错的时候唯一该做的就是停止继续犯错，不要浪费时间，当股价降到你的心理底线时，立即卖掉。

研究股票就像研究人一样。经过一段时间的研究后，你会发现股票在不同情况下的反应是可以预测的，这在判断行情时也很有用。股票和人的反应有相似之处，显示出不同的特征：好斗的、含蓄的、直接的、理智的、可预测的或者不可预测的等。

股价再高你也可以买进，同样股价再低也可以卖出。

如果你在应该卖出的时候没有抓住机会卖掉股票，你就会赔钱。

如果你不去利用股市上的偶然机遇,那就错了。

不要猜测！要等待市场信号！如果股价难以捉摸,那么想要猜测市场如何变动、何时变动是很危险的。你必须等到市场或者股票从这种情况中走出来。不要同市场对抗,要遵循最小阻力线,遵循市场信息。

答案通常就在市场中。不要浪费大量时间试图找出股价变动的原因,应该研究市场行情。在股市上所有行情背后都有一股动力,以后你可能会知道是什么,这就是成功的投机者唯一需要了解的。

股市有上升、下降和犹豫不决的时候。上升也好,下降也好,对你影响不大,因为你都可以赚钱——你可以做多或卖空。你不应该让情绪影响你,当市场难以捉摸时,就给自己放个假。

要当心一天之内出现的重大变动。当某天的最高价格高于前一天的最高价,而当天收盘价又低于前一天的收盘或者最低价,同时成交量高出前一天的时候,你就要当心了!

如果你买进股票的走势与你预期的相反,那就赶快卖掉它。因为这说明你的判断错了,赶快认赔退出。

当股票出现大幅下跌时,注意它的动向。如果股价没有很快恢复,它很有可能进一步下跌,很可能它天生就有缺陷,以后你会知道具体是什么。

市场运作于未来,市场信息通常已经包括了当前的情况和因素。

如果能抓住趋势的变化,你就能得到最大的回报。正是行情的起始点,趋势的转折点,才能显示应不应该买进或者卖出。

转折点在本质上相当于一个信号器,告诉你什么时候入市、什么时候又该退出。有两种类型的转折点:反转点和连续转折点。前者的定义是在一个主流的市场动向开始转变时的最佳心理时机,也称为根本趋势的转折点。不管是在某个市场行情的高峰还是低谷,转折点都标志着动向的根本转变。而后者表明市场态势正在酝酿,这是态势的自然积累。要注意,转折点通常伴随着交易量的大幅上扬。

在牛市即将结束时,市场会有疯狂的资本化行为,一些股票的市盈率会上涨到30倍、40倍、50倍甚至60倍,这些股票平时正常的市盈率在8~12倍。

要当心疯狂的投机股,它们会毫无缘由地涨价,当然与大盘趋势吻合的股票可以除外。

股市的新高点对于判断时机非常重要。一个新的高点意味着股票已经超越了日常的成交量,最小阻力线将会一路上扬。大多数人看到新高点的时候会立即卖掉股票,转而寻找廉价股。

按部就班交易法——要顺应趋势,抓住市场动向。投机者必须在交易之前知道市场整体的趋势——最小阻力线,要知道市场或者某些个股整体是往上还是往下走的。交易之前你首先要确定市场整体朝哪个方向走,向上、向下还是震荡不定。如果市场整体趋势不利于你,那么你在市场中会处于很被动的地位。记住,要跟随趋势,不要卷入漩涡之中;最重要的是,不要与大盘趋势对抗!

行业组整体动向对于判断时机很关键。股票从来不会独自运动,如果美国钢铁股价上涨,那么伯利恒钢铁以及其他与钢铁紧密相关的股票价格都会跟着上涨。原因很简单,如果支持美国钢铁股价的因素足够充分,那么钢铁业其他的股票也会由于相同的原因跟着上涨。

要追随那些领头行业中的龙头股,因为是龙头股带领整个市场。一定要买某个行业中最强势的股票。

留意市场中的龙头股——那些在牛市中引领大盘向上走的股票。当这些股票踌躇不前时,通常表明市场将要转向了。把你对股市的研究范围控制在当前的龙头股上,如果你不能从龙头股上赚钱,那么你也不可能从整个股市赚到钱。应该集中精力从龙头股中获利,这样你可以保存实力,也更加便于管理。

在购买股票之前,你应该定一个明确的目标,一旦股市不利于你,应该在哪一点上退出。而且你必须严格遵循自己定下的这一规则。

起先购买少量股票,测试一下你的判断,然后才可以大量购买。一名成功的市场交易者必须在很确定的情况下才能下注,不要一次就下完赌注,要先测试你的判断,找出市场趋势。这一测试方法也是资金管理的首要因素。

交易者必须对突发事件迅速做出反应。如果天上掉馅饼,就赶紧接住。如果是坏消息,就不要犹豫,赶紧离场,卖掉股票。

当股价经历了长期的上涨,达到很高的成交量而股价变得不稳定时,就要当心了。这是一个红色警报,表明原先的行情快要结束了,很可能也预示着股票将脱离专业投资者之手,走向散户,从集中走向分散。散户通常把成交量当作强劲市场正在经历正常调整的标志,而不会把它看成转折点。

遵循资金管理法则：

确定止损点！投机者应该确定一个明确的目标,一旦股市不利于你,应该在那一点上退出。这对于前几笔交易至关重要,在股票转向时也很重要。你必须严格遵循自己定下的这一规矩。当损失达到你投入资金的10%时就应该退出了,要弥补损失,你可能要付出双倍的代价。我是在投机商号学到这一点的,那里的底线就是10%,超过了就自动出局。

投资损失不得超过10%。10%规则是管理资金的一个重要规则,这对于时机的把握也很关键。如果你损失了50%,你必须赢回100%才能弥补(见表10.1)。

表10.1　　　　　　　　　　利维摩尔的10%止损

起点 （美元）	损失额 （美元）	剩余资金 （美元）	损失率 （%）	弥补损失所需 达到的利润率 （%）
1 000	80	920	8.0	8.7
	100	900	10.0	11.1
	200	800	20.0	25.0
	300	700	30.0	42.8
	400	600	40.0	66.6
	500	500	50.0	100.0

永远不要追加保证金,永远不要摊低成本。

定期将账面利润换成真实的货币。把你利润的一部分取出来放到安全的地方,比如说银行或者是用来买债券和养老金。现金过去是、现在是、将来也一直会是老大。

始终持有现金储备。现金就如同你枪里的弹药,我最大的错误就在于没有很好遵循这一规则。

理解并掌握好时间尺度：

不要操之过急。成功的投资者不会任何时候都在投资,有时你应该彻底清仓。如果你不确定市场方向,那么就离它远点,等待有确定的信号后再入市。

等到你的判断一次次得到证实后再下所有的赌注。首次下注之后,耐心等待,直到出现盈利了再投入第二笔,以此类推,千万不要一次就下完赌注。说得具体点,先投入全部预算资金的20%,第二笔和第三笔也分别是20%。等到你的判断得到证实了,然后投入最后的40%。把每一次投入或是测试都看成建仓的关键一步。如果其中有一点形势不利,就要留意了,千万不要让投资损失超过10%。

卖掉赔钱股,而当所有因素都有利于你时,放手让盈利股自行去运转。

五项基本资金管理法则的总结

1. 管好你的资金——学会试探,不要一口气买进;
2. 遵循投机商号的10%止损原则;
3. 永远持有现金储备;
4. 追随龙头股——让盈利自行运转;
5. 将大额盈利的50%变现。

情绪控制

控制情绪是投资中的最核心因素。当市场和你的意愿背道而驰时,不要情绪失控。不要陶醉于你的成功之中,以至于误认为赚钱很容易。不要与市场对抗,市场行情是真理,学会与市场和睦相处。

不要猜测!行动之前要等待市场信号和暗示,只有确定无疑了再行动。猜测是无形的杀手,它伴随着贪婪和希望,所以不要基于猜测做决定。市场总是会给你时间,如果你等待信号的出现,接下来仍有足够的时间采取行动。

所有的股票都与人有相似之处,显示出不同的特征:好斗的、含蓄的、精力充沛的、直接的、迟钝的、过时的、新潮的、理智的或者不理智的。研究股票就像研究人一样。一段时间的研究后你会发现股票在不同情况下的反应是可以预测的,一些投资者会把他们的交易限制在一定的价格范围之内。

不要花大量的时间企图找出股价变动的原因,而应该观察事件本身。答案就藏在市场中,不要费劲去找,最重要的是,永远不要与市场对抗。

一名股票作手可能会听从其他交易者的建议,认为自己的判断错了,从而放弃自己的立场。我要说的是,听从他人会导致犹豫不决,影响判断力,这会进一步导致信心丧失,甚至损失钱财。

建议的来源众多,可以来自亲戚、爱人或朋友,他们可能刚刚做了一笔不错的交易,想分享自己的好运,但是他们也可能想要谋取私利。记住,所有的建议都是危险的,不要听从他人的建议。

把希望从你的交易辞典中剔除出去。期盼某只股票能够创造佳绩无异于赌博,如果你没有充足的理由持有某只股票,那么趁早卖掉,另寻优质股。希望股票涨或者跌,已经导致很多股市投机者垮台。希望是贪婪的孪生兄弟。

注意控制自己的情绪。赢了不要沾沾自喜,输了也不要颓废沮丧。你必须达到一种状态,使你保持情绪的平衡。

市场中本质的东西其实是不变的。唯一变化的就是交易者,新进入者可能对于过去的市场周期没有印象,例如1907年和1929年的崩盘,因为他们没有亲身经历。有些事对于投机者可能是新鲜的,但是市场却早已司空见惯了。

要制定投机法则,或者说进攻计划,并且始终忠于计划。不要频繁改变计划,找到一种情感和理智上都适合你的方法,然后坚持遵循。

投机者不是投资者。他的目标不是长期获得固定收益,而是想要通过涨跌价从他的投机产品中赚钱。

做一名独行侠。自己的钱要自己做决定,对于自己所做的股票交易要保密,不要透露其中的赚钱和赔钱股。

成功的投资者不会任何时候都在投资,有时你应该彻底清仓。如果你不确定市场方向,那么就耐心等待。

要掌握四项软技能才能成为一名顶尖的交易者:

1. 观察:不带任何偏见地观察事物的能力。
2. 记忆:准确、客观地记忆关键事件的能力。
3. 数学:对数字敏感,精于计算。
4. 经验:从经历中学习。

利维摩尔相信,一些下意识的明显倾向和行为是潜意识的作用,这是他多年交易经验的累积。有时利维摩尔会让潜意识引导他,尽管他当时还不太清楚确切的原因。利维摩尔相信亚里士多德,他曾说过:"我们是过去经历的总和。"

要想成功交易,就必须理解和控制情绪。

贪婪是人的一种情绪,《韦伯斯特辞典》将其定义为过度的占有欲,一种追逐不应得或不需要的东西的欲望。我们无从知道欲望的根源,只知道每个人都有贪欲。

恐惧可能在一瞬间来袭,此时它将扭曲理智。理智的人在恐惧时也会表现得不理智,而人每次输钱就开始害怕,他们的判断就失灵了。

希望就股票市场而言总是与贪婪并肩而行。一旦开始交易,人心便萌发了希望。满怀希望、积极应对、追求极致都属于人性,希望对于人类的生存至关重要。然而,与证券市场上的老朋友——无知、贪婪和恐惧——一样,希望也会扭曲理智。希望会掩盖事实,而证券市场只同事实相关。就像飞旋的轮盘赌一样,显示最终结果的是那个小黑球,而不是无知、贪婪或恐惧。市场交易最终结果是客观而确定的,不带任何偏好,就如同原生态的大自然。

无知。想从市场中学习必须有一种钻研精神,丝毫不能马虎。股市,只有股市,凭借其来钱既快又容易的幌子,诱使人们进行无知的金钱操作。而无知的对手是知识,知识就是力量。

股市从来不会是透明的,它在大多数时候会迷惑大多数人。利维摩尔的规则通常意味着控制人的本性。

不要什么时候都想涉足市场。有时你应该退出市场,不管是情绪原因还是经济原因。

当大盘趋势不支持你买入或卖出的决定时,就不要行动。绝不要以大盘为借口,为你的错误行为找理由。

不要给出或听取关于股市的建议,只要记住:牛市股价上涨,熊市股价下跌。交易者要知道的就是这些,你能告诉别人的也只有这些。

不要打破自己订下的规矩。股市投机者有时会犯错,他们也知道这一点,但仍然向前走,到最后只能后悔自己当初不该打破规矩。

不要抓着跌价股不放。

不要买入正在跌价的股票,也不要卖出止跌反弹股。

不要用"熊市"或"牛市"的概念。因为这样的表述使很多人想当然把它当作很长时间内市场的走向。使用上升趋势或下降趋势来定义市场动向更恰当,你只要说市场趋势此时上扬或下降就好了,我就是这么说的。

投机是一项事业,同其他任何事业一样,只有努力和勤奋才能成功。

结 论

"在华尔街或在股票投机中,没有什么新的东西。过去发生的事情在将来会一而再再而三地发生。这是因为人的本性不会改变,正是以人的本性为基础的情绪使人变得愚蠢。我相信这一点。"

——杰西·利维摩尔

第十一章

利维摩尔市场要诀

第十一章　利维摩尔市场要诀

利维摩尔市场要诀这部分同1940年写下的版本完全一致，当时是由纽约的迪尤尔—斯隆—皮尔斯(Duell, Sloan and Pearce)出版社出版的，所有的解释性图表也都以最初的版本呈现。本章还包括利维摩尔工作底稿的复印件，以及他对自己的交易法则应用于各个股市后的评论。唯一的区别是，本章是黑白版本的，蓝色数字现在用黑色呈现，数字上加了圆圈；红色数字也变成黑色，并用方框框起来了。红色双下划线现在也是黑色的，加上了破折号；黑色双下划线没有改动。

仔细的读者在读完本章后会发现，利维摩尔在例子中使用的有些数字很难看懂，我们也试图读懂这些例子，甚至去翻读原书的第二版[投资者出版公司(Investor's Press, Inc.)1966年版]。我们此举的目的是试图寻找工作底稿上是否有任何问题，我们在1940年的版本上可能没有发现。

两者之间没有任何差异，这正是利维摩尔呈现的市场要诀理论。

许多年来，我将自己的生活完全奉献给了投机事业。现在，我终于领悟到，股票市场没有任何新东西，价格运动一直重复进行，尽管不同股票的具体情况各有不同，但是它们的一般价格形态是完全一致的。

正如前面所说，我感受到一种迫切的需要，即采取适当的价格记录方法，使之成为预测价格运动的指南。我以极大的热情投入这项工作。后来，我开始努力寻求一个出发点，来帮助我预期未来市场运动，这并非易事。

现在回头来看往日这些初步尝试，就能理解为什么当时不能马上取得成果了。当时，我满脑子都是投机意识，我的目的是要制定一种策略，终日在市场里买进卖出，捕捉小规模的日内变动。这是不对的，幸亏我及时清醒地认识到了这个错误。

我继续做自己的行情记录，对其中包含的真正价值充满信心，相信这些价值只等自己去挖掘。经过长期努力，其中的秘密终于展现出来了。我的行情记录明白地告诉我，它们不会帮助我追逐小规模的日内波动。但是，只要我瞪大眼睛，就能看到预告重大运动即将到来的价格形态正在形成。

从此以后，我决定抹去所有微小的运动。

通过持续、密切研究多种多样的行情记录，我终于认识到，如果要对即将到来的重大运动形成正确的意见，时间要素是至关紧要的。于是，我浑身是劲，集中研究市场这方面的特性。我力图发现一种方法，来识别构成较小波动的成分。我意识到，即使市场处于明显趋势，其中也会包含许多小规模的震荡过程。过去它们令人混淆，但是，现在对我这已经不是什么问题了。

我打算弄清楚自然回调行情或自然的反弹行情的初始阶段是由什么构成的。一次，我开始测算价格运动的幅度。起初，我计算的基本单位是一个点，这并不合适。后来是两个点，以此类推，直到最终得到结论，了解到构成自然的回撤行情或者自然的反弹行情初始阶段的波动幅度。

为了便于说明，我印制了一种特殊设计的表格纸，排列出不同的列，通过这样的安排来构成我所称的预期未来运动的地图。每一只股票的行情都占六列。其价格按照规定分别记录在每一列内。这六列的标题分别如下：

第一列的标题是次级反弹(Secondary Rally)。

第二列的标题是自然反弹(Natural Rally)。

第三列的标题是上升趋势(Upward Trend)。

第四列的标题是下降趋势(Downward Trend)。

第五列的标题是自然回调(Natural Reaction)。

第六列的标题是次级回调(Secondary Reaction)。

如果把价格数据记录在上升趋势一栏，则用黑墨水填入。在其左面的两列里，都用铅笔填写。如果把价格数据记录在下降趋势一栏，则用红墨水填入。在其右侧的两列，也都用铅笔填写。

这样一来，不论是我将价格数据记录到上升趋势一列，还是记录到下降趋势一列，都能够对当时的实际趋势形成强烈印象。把那些数据用墨水颜色明显地区分，它就会对我说话。不论是红墨水还是黑墨水，一旦持续使用，就会明明白白地讲出一个故事。

如果总是用铅笔记录行情，我就会意识到，现在记录的只不过是自然的震荡(后面我将展示我的记录，请注意，书上方框内的数字就是我在自己的表格上用铅笔记录的数字)。

我断定，在某只股票价格达到 30 美元或更高的情况下，仅当市场从极端点开始反弹或回调了大致 6 个点的幅度之后，才能表明市场正在形成自然的反弹过程或自然的回调过程。这一轮反弹行情或者回调行情并不意味着原先的市场趋势正在发生变化，只是表明市场正在经历一个自然的运动过程。市场趋势与反弹或回调行情发生之前完全一致。

请让我解释一下，我并不把单只股票的动作看作整个行业组趋势变化的标志。为了确认某个行业组的趋势已经明确改变，我通过该行业组中两只股票的动作组合来构成整个行业组的标志，这就是组合价格。也就是说，把这两只股票的价格运动结合起来，就可以得出我所谓的"组合价格"。我发现，单只股票有时候能够形成足够大的价格运动，大到足以写入记录表中上升趋势或下降趋势栏。但是，如果仅仅依赖这一只股票，就有卷入假信号的危险。将两只股票的运动结合起来，就能得到基本的保障。因此，趋势改变信号需要从组合价格变动上得到明确的验证。

现在让我来阐述这一组合价格方法。我将严格坚持以 6 个点运动准则作为判断依据，你会注意到，在我下面列举的记录中，有时候美国钢铁的变化仅有 5 个点，与此同时，伯利恒钢铁的相应变化则可能有 7 个点，在这种情况下，我也把美国钢铁的价格记录在相应栏目内。原因是，把两只股票的价格运动组合起来构成组合价格，两者之和达到了 12 个点或更多，正是所需的合适幅度。

当运动幅度达到一个记录点——两只股票平均都运动了 6 个点时，我便在同一列中接着记录此后任一天市场创造的新极端价格：换言之，在上升趋势的情况下，只要最新价格高于前一个记录便列入记录；在下降趋势的情况下，只要最新价格低于前一个记录便列入记录。这个过程一直持续到反向运动开始。当然，后面这个朝着相反方向的运动，也是基于同样的原则来认定的，即两只股票的反向运动幅度达到平均 6 个点、组合价格达到合计 12 个点的原则。

你会看出，从那时起我从没有偏离过这些点数，从不例外。如果结果不是确实如我所需，也不找借口变通。请记住，我在行情记录中写下的这些数字并不属于我个人。这些点是否满足，是由当日交易过程中的实际价格运动所决定的。

如果我宣称自己的价格记录方式已经达到了尽善尽美的地步，那就太自以为是了。那样说是误导的、不真诚的。我只能说，经过多年的检验和磨炼，我觉得自己已经接近了某一点，可以这一点为基础来做行情记录。从这些记录出发，我们就能够获得一张形象化的图像，它对判定即将到来的重大价格运动很有用处。

先哲曾说过，机不可失，时不再来。

毫无疑问，能否借助这个计划来取得成功，取决于当行情记录发出行动信号时你行动的勇气和果断，没有任何踌躇的余地。你必须照着这个方法训练自己的意志，如果你要等什么人来给你解释，或者告诉你理由，或者给你打气，行动的时机就已经溜走了。

例如，若干年前，正当所有股票都经历了快速上涨行情后，欧洲战事爆发了，于是整个市场都发生了自然的回调。后来，那四个主要行业组里的所有股票都收复了全部失去的阵地，并且再创新高——除了钢铁类股票。在这种情况下，只要按照我的方法维持行动记录，任何人都会把注意力全部转移到钢铁类股票的表现上来。此时此刻，必须找出充分的理由，才能解释钢铁类股票没有和其他行业组一道继续上涨的原因。是有很好的理由！然而，当时我并不知道这个理由，因此我很疑惑，以为没人能够对此做出合理的解释。无论如何，记录行情的人都能看出，钢铁类股票的表现说明了该群体的上升运动已经终结。直到1940年1月中旬，也就是4个月之后，有关事实才被公开，钢铁股的表现才算得到了解释。有关方面发布了一则公告，说那时英国政府卖出了超过10万股美国钢铁公司的股票，与此同时，加拿大也卖出了2万股。当这则公告发布时，美国钢铁的股价比它在1939年9月创造的最高价低了26个点，伯利恒钢铁则低了29个点，相比之下，其他3个主要行业组中的股票仅仅比它们和钢铁类股票同期达到的最高价位下降了2~12个点。这一事例证明，在你本当买进或卖出某只股票时，力图先找出"好理由"的做法是荒唐的。如果你一定要等知道那个理由后才动手，就会错失良机，未能在适当时机采取适当行动！投资者或投机者从来所需了解的唯一理由，就是市场表现本身。无论何时，只要市场的动作不对劲，或者没有按照应有的方式运动，这就是充分的理由，足以让你改变自己的意见，而且要立即改变。记住，一只股票之所以有这样那样的动作，总是有它的理由。然而，你还应当记住，情况往往是这样的，直到未来某个时间之后，你才能了解这个理由，而那时一切都已经太晚，不可能再从中获利了。

我重复一遍，如果你打算利用重大市场运动中途的微小波动来做额外的交易，这里的准则是不会有什么帮助的。这套准则的目的在于捕捉重大市场运动，指明重大行情的开始和终结。就此目的而言，如果你诚心奉行这套准则，就会发现它们具有独到的价值。

或许我还可以重申，本准则的对象是价格大约在30美元以上的活跃股，虽然其基本原则同样用于预期所有股票的未来变化,但是如果研究价格极低的股票,就应当对准则进行适当调整。

其中并没有什么复杂之处。要是你感兴趣,很快就能接受各个阶段的内容,并且很容易理解它们。

接下来,将要展示我的原始行情记录,还要详细解释我所填入的数据。

规 则 说 明

1. 在上升趋势栏记录价格时,用黑墨水。
2. 在下降趋势栏记录价格时,用红墨水。
3. 在其余栏记录价格时,用铅笔。

4.(a)当你开始在自然回调栏记录数据时,第一天要同时在上升趋势栏最后一个数据下标一条红线。当市场发生回调行情且下跌幅度距离趋势栏最后一个数字约6个点时,开始转换记录栏。

(b)当你开始在自然反弹栏或上升趋势栏记录数据时,第一天要同时在自然回调栏最后一个数据下标一条红线。当市场发生反弹行情且上升幅度距离自然回调栏最后一个数字约6个点时,开始转换记录栏。

现在你已经有两个转折点可供观察。根据市场在这两点附近的表现,就能够对以下问题形成自己的判断:到底是原有的趋势确实即将恢复呢?还是原来的市场运动已经告终?

(c)当你开始在自然反弹栏记录数据时,第一天要同时在下降趋势栏最后一个数据下标一条黑线。当市场发生反弹行情,且上升幅度距离下降趋势栏最后一个数字约6个点时,开始转换记录栏。

(d)当你开始在自然回调栏记录数据时,第一天要同时在自然反弹栏最后一个数据下标一条黑线。当市场发生回调行情且下降幅度距离自然反弹栏最后一个数字约6个点时,开始转换记录栏。

5.(a)如果正在自然反弹栏记录数字,最新到来的价格比自然反弹栏内用黑线标记的最后一个价格高3个点或更多,那么该价格就应当用黑墨水记入上升趋势栏。

(b)如果正在自然回调栏记录数字,最新到来的价格比自然回调栏内用红线标记的最后一个价格低3个点或更多,那么该价格就应当用红墨水记入下降趋势栏。

6.(a)如果正在上升趋势栏记录价格,新发生的回调过程达到了大约6个点的幅度,则转到自然回调栏记录这些价格,此后每一天,只要该股票的价格低于自然回调栏最后记录的价格,就继续在该栏记录。

(b)如果正在自然反弹栏记录价格,新发生的回调过程达到了大约6个点的幅度,则转到自然回调栏记录这些价格,此后每一天,只要该股票的价格低于自然回调栏最后记录的价格,就继续在该栏记录数据。如果正在下降趋势栏记录价格,则只要新价格低于下降趋势栏内最后记录的价格,就继续在下降趋势栏记录。

(c)如果正在下降趋势栏记录价格,新发生的反弹过程达到了大约6个点的幅度,则转到自然反弹栏记录这些价格,此后每一天,只要该股票的价格高于自然反弹栏最后记录的价格,就继续在该栏记录。

(d)如果正在自然回调栏记录价格,新发生的反弹过程达到了大约6个点的幅度,则转到自然反弹栏记录这些价格,此后每一天,只要该股票的价格高于自然反弹栏最后记录的价格,就继续在该栏记录数据。如果正在上升趋势栏记录价格,则只要新价格高于上升趋势栏内最后记录的价格,就继续在上升趋势栏记录。

(e)当你开始在自然回调栏记录数据时,如果新的价格低于下降趋势栏内最后记录的数字,则应当将这个价格用红墨水记录在下降趋势栏。

(f)与上述规则相同,当你开始在自然反弹栏记录数据时,如果最新的价格高于上升趋势栏内最后记录的价格,则停止在自然反弹栏的记录,将这个价格用黑墨水记录在上升趋势栏。

(g)如果正在自然回调栏记录数据,反弹幅度达到了距离自然回调栏内最新记录的数据大约6个点——但是,这个价格并没有向上超过自然反弹栏内最后记录的价格,就应当将这个价格记录在次级反弹栏,此后始终在该栏记录,直到最新成交价格向上超越了自然反弹栏内最后记录的数据。当后面这种情况发生时,就应当重新转到自然反弹栏记录数据。

(h)如果正在自然反弹栏记录数据,回调幅度达到了距离自然反弹栏内最新记录的数据大约6个点——但是,这个价格并没有向下低于自然回调栏内最后记录的价格,就应当将这个价格记录在次级回调栏,此后始终在该栏记录,直到最新成交价格低于自然回调栏内最后记录的价格。当后面这种情况发生时,就应当重新转到自然回调栏记录数据。

7. 同样原则也是用于记录组合价格——不过这里以 12 个点为基础,而在单只股票情况下以 6 个点为准。

8. 一旦在自然反弹栏或者自然回调栏开始记录,则下降趋势栏或上升趋势栏中最后记录的价格立即成为转折点。在一段上冲行情或回调行情结束后,我们在相反的栏目中重新开始记录数据,此时,先前栏目中记录的极端价格就成为另一个转折点。

正是在上述两个转折点形成后,这些行情记录具有了极大价值,可以帮助你正确预期下一轮重大运动。这些转折点的下方标有两道红色或黑色墨水线,以吸引你的注意力。标注这些线的目的很明确,就是要将这些点始终放在你眼前,无论何时,只要最新成交价格位于这些点附近,就应当十分谨慎地密切关注市场。你的决策取决于从此之后的价格记录。

9. (a)当你在下降趋势栏看到红墨水记录的最后价格下方标注了黑色线时,你也许会在该点附近得到买入信号。

(b)如果在自然反弹栏看到某个价格下方标注了黑色线,那么当该股票在下一轮上冲过程中接近了该转折点价位时,正是发现市场到底是否足够坚挺、是否能够明确改变路线进入上升趋势的时机。

(c)反之亦然。当你在上升趋势栏看到用黑墨水记录的最后价格下方标注了红色线时,或者当你在自然回调栏看到最后价格下方标有红线时,同样的道理也适用,只是方向相反。

10. (a)设计这一整套方法的目的是让我们有能力看清楚,当某只股票首次出现自然反弹或自然回调现象后,其后续动作到底是否属于原趋势状态的应有表现方式。如果原先的市场运动将以明确的方式恢复,则不论上升还是下降,市场都会穿越先前的转折点——对于单只股票来说,穿越幅度应为 3 个点;在组合价格的情况下,穿越幅度应为 6 个点。

(b)在上升趋势的情况下,如果该股票未能做到这一点,并且在一轮回调行情中,下跌到最新关键点(记录在上升趋势栏,数字下方标有红线)之下 3 个点或更多,则可能表明该股票的上升趋势已经结束。

(c)将上述原则应用到下降趋势,如果下降趋势将以明确的方式恢复,则在一轮自然反弹行情结束后,新价格必须向下伸展到最新转折点(数字下方标有黑线)之下3个点或更多,新价格将记录在下降趋势栏。

(d)如果该股票未能做到这一点,并且在一轮反弹行情中,市场上升到最新转折点(记录在下降趋势栏,数字下方标有黑线)之上3个点或更多,则可能表明该股票的下降趋势已经结束。

(e)如果正在自然反弹栏记录数据,但当前上冲行情在上升趋势栏最新转折点(其下方标有红线)之下,接近该转折点的价位中止,并且该股票从这一点开始向下回落3个点或更多,则构成一个危险信号,表明该股票的上升趋势可能已经终结。

(f)如果正在自然回调栏记录数据,但当前回调行情在下降趋势栏最新转折点(其下方标有黑线)之上,接近该转折点的价位中止,并且该股票从这一点开始向上反弹3个点或更多,则构成一个危险偏好,表明该股票的下降趋势可能已经终结。

接下来几页的左侧,我们列出了利维摩尔市场要诀的原版释义。

从 4 月 2 日开始,价格记录在自然反弹栏,请参见规则说明 6(b)。在下降趋势栏内最后价格下画黑线,请参见规则说明 4(c)。

从 4 月 28 日开始,价格记录在自然回调栏,请参见规则说明 4(d)。

表 1

	U.S. STEEL						BETHLEHEM STEEL						KEY PRICE					
	SECONDARY RALLY	NATURAL RALLY	UPWARD TREND	DOWNWARD TREND	NATURAL REACTION	SECONDARY REACTION	SECONDARY RALLY	NATURAL RALLY	UPWARD TREND	DOWNWARD TREND	NATURAL REACTION	SECONDARY REACTION	SECONDARY RALLY	NATURAL RALLY	UPWARD TREND	DOWNWARD TREND	NATURAL REACTION	SECONDARY REACTION
		65 3/4							57						122 3/4			
				48 1/2							43 1/4					91 3/4		
		62 1/8							65 7/8						128			
				48 1/4							50 1/8						98 3/8	
1938								56 7/8										
DATE																		
MAR 23				47								50 1/4					97 1/4	
24																		
25				44 3/4						46 3/4						91 1/2		
SAT 26				44						46						90		
28				43 5/8												89 5/8		
29				39 5/8						43						82 5/8		
30				39						42 1/2						81 1/8		
31				38						40						78		
APR 1																		
→ SAT 2		43 1/2						46 3/8						89 7/8				
4																		
5																		
6																		
7																		
8																		
SAT 9		46 1/2						49 3/4						96 1/4				
11																		
12																		
13		47 1/4												97				
14		47 1/2												97 1/4				
SAT 16		49						52						101				
18																		
19																		
20																		
21																		
22																		
SAT 23																		
25																		
26																		
27																		
→ 28					43													
29					42 3/8						45						87 3/8	
SAT 30																		
MAY 2					41 1/2						44 1/4						85 3/4	
3																		
4																		

这些数字都是从前一页转录来的,目的是将转折点始终放在你的面前。

从 5 月 5 日~5 月 21 日,没有记录任何价格,因为在此期间既没有任何新价格低于自然回调栏内最后价格,也没有任何反弹行情高到值得记录的程度。

5 月 27 日,伯利恒钢铁的价格用红色记录,因为这一价格低于下降趋势栏中的前一个记录,请参见规则说明 6(c)。

6 月 2 日,伯利恒钢铁在 43 的价位构成买进良机,请参见规则说明10(c)和 10(d)。同一天,美国钢铁在 $42\frac{1}{4}$ 的价格构成买进良机,请参见规则说明 10(f)。

6 月 10 日,伯利恒钢铁的价格记录在次级反弹栏,请参见规则说明6(e)。

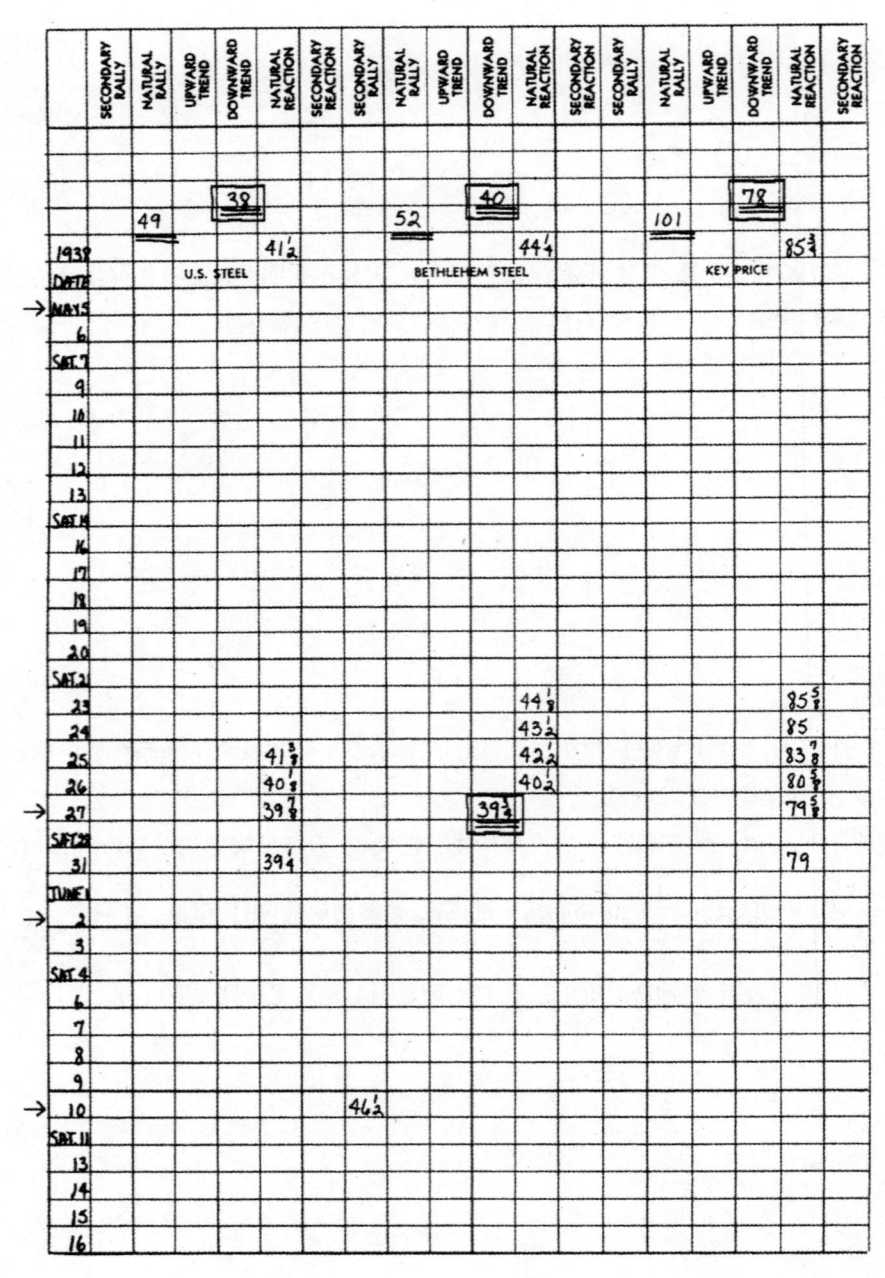

表 2

	SECONDARY RALLY	NATURAL RALLY	UPWARD TREND	DOWNWARD TREND	NATURAL REACTION	SECONDARY REACTION	SECONDARY RALLY	NATURAL RALLY	UPWARD TREND	DOWNWARD TREND	NATURAL REACTION	SECONDARY REACTION	SECONDARY RALLY	NATURAL RALLY	UPWARD TREND	DOWNWARD TREND	NATURAL REACTION	SECONDARY REACTION
		49		38					52		40				101		78	
1938 DATE					$41\frac{1}{2}$						$44\frac{1}{4}$						$85\frac{3}{4}$	
	U.S. STEEL						BETHLEHEM STEEL						KEY PRICE					
→ MAY 5																		
6																		
SAT.7																		
9																		
10																		
11																		
12																		
13																		
SAT 14																		
16																		
17																		
18																		
19																		
20																		
SAT.21																		
23											$44\frac{1}{8}$						$85\frac{5}{8}$	
24											$43\frac{1}{2}$						85	
25				$41\frac{3}{8}$							$42\frac{1}{2}$						$83\frac{7}{8}$	
26				$40\frac{3}{8}$							$40\frac{1}{2}$						$80\frac{5}{8}$	
→ 27				$39\frac{7}{8}$							$39\frac{3}{4}$						$79\frac{5}{8}$	
SAT.28																		
31				$39\frac{1}{4}$													79	
JUNE 1																		
→ 2																		
3																		
SAT 4																		
6																		
7																		
8																		
9																		
→ 10					$46\frac{1}{2}$													
SAT.11																		
13																		
14																		
15																		
16																		

6月20日,美国钢铁的价格记录在次级反弹栏,请参见规则说明6(g)。

6月24日,美国钢铁和伯利恒钢铁的价格均用黑墨水记录在上升趋势栏,请参见规则说明5(a)。

7月11日,美国钢铁和伯利恒钢铁的价格均记录在自然回调栏,请参见规则说明6(a)和4(a)。

7月19日,美国钢铁和伯利恒钢铁的价格均用黑色记录在上升趋势栏,因为它们的最新价均比该栏内最后记录的价格高,请参见规则说明4(b)。

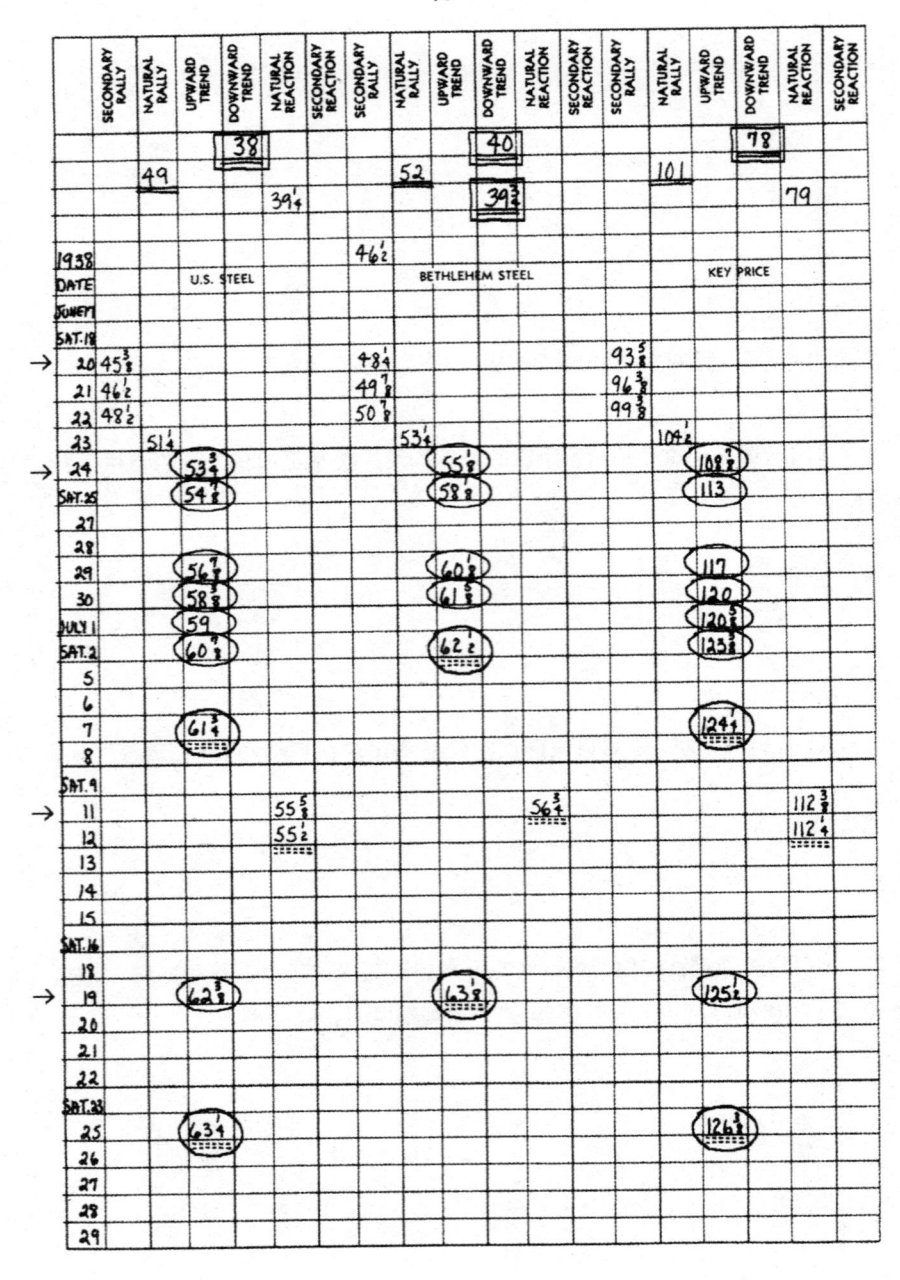

表 3

	SECONDARY RALLY	NATURAL RALLY	UPWARD TREND	DOWNWARD TREND	NATURAL REACTION	SECONDARY REACTION	SECONDARY RALLY	NATURAL RALLY	UPWARD TREND	DOWNWARD TREND	NATURAL REACTION	SECONDARY REACTION	SECONDARY RALLY	NATURAL RALLY	UPWARD TREND	DOWNWARD TREND	NATURAL REACTION	SECONDARY REACTION
				38						40						78		
		49						52						101				
					$39\frac{1}{4}$					$39\frac{3}{8}$							79	
1938 DATE			U.S. STEEL		$46\frac{1}{2}$				BETHLEHEM STEEL						KEY PRICE			
JUNE SAT.18																		
20	$45\frac{3}{8}$								$48\frac{1}{4}$						$93\frac{5}{8}$			
21	$46\frac{1}{2}$								$49\frac{7}{8}$						$96\frac{3}{8}$			
22	$48\frac{1}{2}$								$50\frac{1}{8}$						$99\frac{5}{8}$			
23		$51\frac{1}{4}$						$53\frac{1}{4}$						$104\frac{1}{2}$				
24			$53\frac{3}{4}$						$55\frac{1}{8}$						$108\frac{7}{8}$			
SAT.25			$54\frac{1}{8}$						$58\frac{1}{8}$						113			
27																		
28																		
29			$56\frac{7}{8}$						$60\frac{1}{8}$						117			
30			$58\frac{3}{8}$						$61\frac{5}{8}$						120			
JULY 1			59												$120\frac{5}{8}$			
SAT.2			$60\frac{1}{8}$						$62\frac{1}{2}$						$123\frac{5}{8}$			
5																		
6																		
7			$61\frac{1}{4}$												$124\frac{1}{4}$			
8																		
SAT.9																		
11					$55\frac{5}{8}$						$56\frac{3}{4}$						$112\frac{3}{8}$	
12					$55\frac{1}{2}$												$112\frac{1}{4}$	
13																		
14																		
15																		
SAT.16																		
18																		
19			$62\frac{3}{8}$						$63\frac{3}{8}$						$125\frac{1}{2}$			
20																		
21																		
22																		
SAT.23																		
25			$63\frac{1}{4}$												$126\frac{3}{8}$			
26																		
27																		
28																		
29																		

8月12日，美国钢铁的价格记录在次级回调栏，因为其最新价没有低于先前在自然回调栏记录的最后价格。同一天，伯利恒钢铁的最新价记录在自然回调栏，因为其最新价低于先前在自然回调栏记录的最后价格。

8月24日，美国钢铁和伯利恒钢铁的价格均记录在自然反弹栏，请参见规则说明6(d)。

8月29日，美国钢铁和伯利恒钢铁的价格均记录在次级回调栏，请参见规则说明6(h)。

表 4

	SECONDARY RALLY	NATURAL RALLY	UPWARD TREND	DOWNWARD TREND	NATURAL REACTION	SECONDARY REACTION	SECONDARY RALLY	NATURAL RALLY	UPWARD TREND	DOWNWARD TREND	NATURAL REACTION	SECONDARY REACTION	SECONDARY RALLY	NATURAL RALLY	UPWARD TREND	DOWNWARD TREND	NATURAL REACTION	SECONDARY REACTION
			61 3/4						62 1/2						124 1/4			
					55 1/2						56 3/4						112 1/4	
			63 1/4						63 1/8						126 3/8			
1938			U.S. STEEL						BETHLEHEM STEEL						KEY PRICE			
DATE																		
SAT. JULY 30																		
AUG. 1																		
2																		
3																		
4																		
5																		
SAT. 6																		
8																		
9																		
10																		
11																		
→ 12						56 5/8					54 7/8						111 1/2	
SAT. 13						56 1/2					54 5/8						111 1/8	
15																		
16																		
17																		
18																		
19																		
SAT. 20																		
22																		
23																		
→ 24		61 5/8						61 3/8						123				
25																		
26		61 7/8						61 1/2						123 3/8				
SAT. 27																		
→ 29						56 1/8						55					—	
30																		
31																		
SEPT. 1																		
2																		
SAT. 3																		
6																		
7																		
8																		
9																		
SAT. 10																		

9月14日,美国钢铁的价格记录在下降趋势栏,请参见规则说明5(b)。同一天,伯利恒钢铁的最新价记录在自然回调栏。之所以将该价格依然记录在自然回调栏,是因为它没有达到比先前记录的带有红线标志的最后价格低3个点的程度。9月20日,美国钢铁和伯利恒钢铁的价格均记录在自然反弹栏。美国钢铁请参见规则说明6(c),伯利恒钢铁请参见规则说明6(d)。

9月24日,美国钢铁的价格用红墨水记录在下降趋势栏,这是该栏的新价格。

9月29日,美国钢铁和伯利恒钢铁的价格均记录在次级反弹栏,请参见规则说明6(g)。

10月5日,美国钢铁的价格用黑墨水记录在上升趋势栏,请参见规则说明5(a)。

10月8日,伯利恒钢铁的价格用黑墨水记录在上升趋势栏,请参见规则说明6(d)。

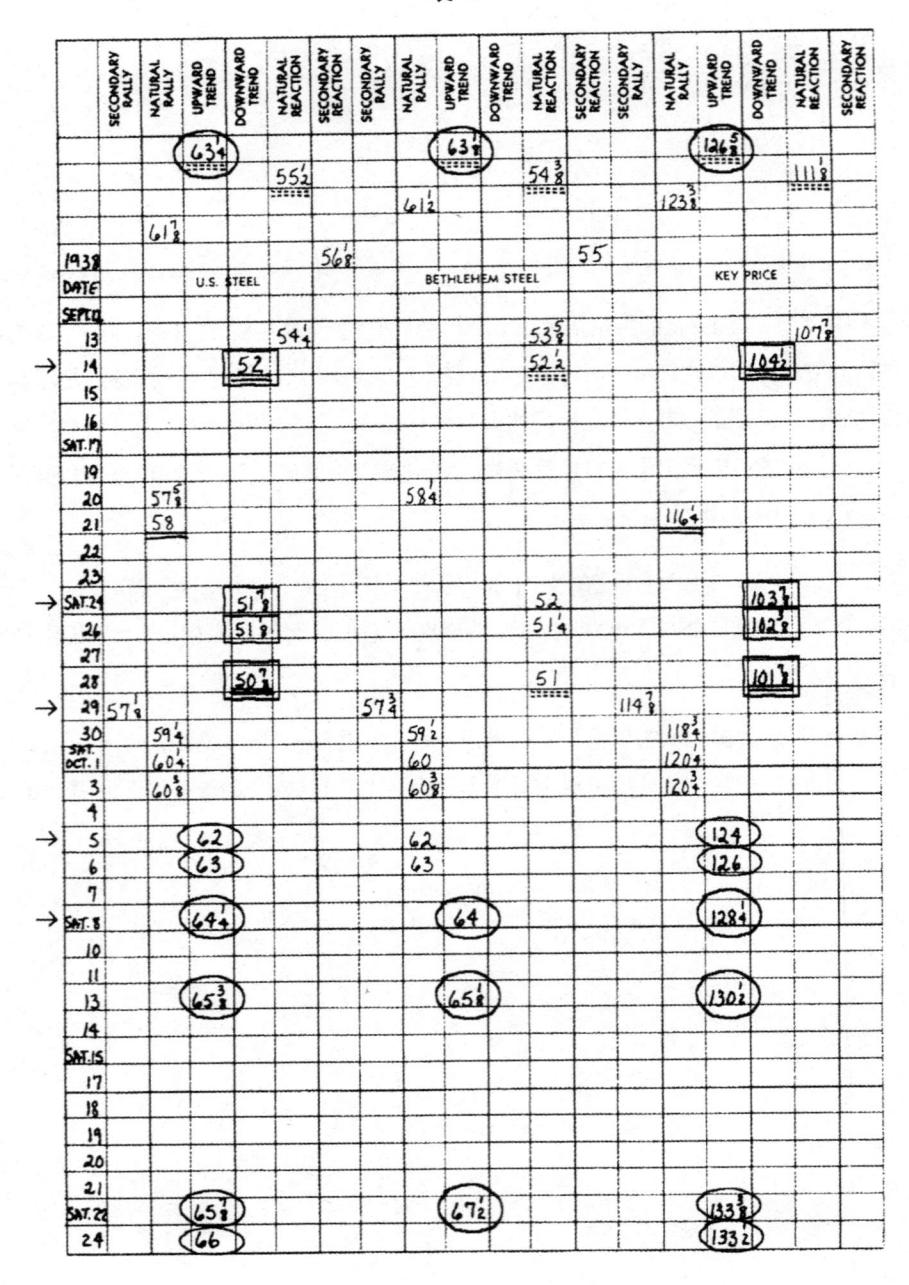

表 5

	SECONDARY RALLY	NATURAL RALLY	UPWARD TREND	DOWNWARD TREND	NATURAL REACTION	SECONDARY REACTION	SECONDARY RALLY	NATURAL RALLY	UPWARD TREND	DOWNWARD TREND	NATURAL REACTION	SECONDARY REACTION	SECONDARY RALLY	NATURAL RALLY	UPWARD TREND	DOWNWARD TREND	NATURAL REACTION	SECONDARY REACTION
			63 1/4						63 1/8						126 5/8			
					55 1/2						54 3/8						111 1/8	
								61 1/2						123 3/8				
		61 7/8																
1938						56 1/8						55						
DATE			U.S. STEEL						BETHLEHEM STEEL						KEY PRICE			
SEPT.12																		
13					54 1/4						53 5/8						107 7/8	
→ 14				52							52 1/2					104 1/2		
15																		
16																		
SAT.17																		
19																		
20		57 5/8						58 1/4										
21		58												116 1/4				
22																		
23																		
→ SAT.24				51 7/8							52					103 7/8		
26				51 1/8							51 1/4					102 3/8		
27																		
28				50 7/8							51					101 7/8		
→ 29	57 1/8						57 3/4						114 7/8					
30		59 1/4						59 1/2						118 3/4				
SAT. OCT. 1		60 1/4						60						120 1/4				
3		60 3/8						60 3/8						120 3/4				
4																		
→ 5			62					62							124			
6			63					63							126			
7																		
→ SAT.8			64 1/4						64						128 1/4			
10																		
11																		
13			65 3/8						65 1/8						130 1/2			
14																		
SAT.15																		
17																		
18																		
19																		
20																		
21																		
SAT.22			65 7/8						67 1/2						133 3/8			
24			66												133 1/2			

第十一章 利维摩尔市场要诀

11月18日,美国钢铁和伯利恒钢铁的价格均记录在自然回调栏,请参见规则说明6(a)。

表 6

	SECONDARY RALLY	NATURAL RALLY	UPWARD TREND	DOWNWARD TREND	NATURAL REACTION	SECONDARY REACTION	SECONDARY RALLY	NATURAL RALLY	UPWARD TREND	DOWNWARD TREND	NATURAL REACTION	SECONDARY REACTION	SECONDARY RALLY	NATURAL RALLY	UPWARD TREND	DOWNWARD TREND	NATURAL REACTION	SECONDARY REACTION
1938			66						67 1/2						133 1/2			
DATE			U.S. STEEL						BETHLEHEM STEEL						KEY PRICE			
OCT.25			66 1/8						67 7/8						134			
26																		
27			66 1/2						68 7/8						135 3/8			
28																		
SAT.29																		
31																		
NOV.1									69						135 1/2			
2																		
3									69 1/2						136			
4																		
SAT.5																		
7			66 3/4						71 7/8						138 5/8			
9			69 1/2						75 3/8						144 7/8			
10			70						75 1/2						145 1/2			
SAT.12			71 1/4						77 5/8						148 7/8			
14																		
15																		
16																		
17																		
→ 18					65 1/8						71 7/8						137	
SAT.19																		
21																		
22																		
23																		
25																		
SAT.26					63 1/4						71 1/2						134 3/4	
28					61						68 3/4						129 3/4	
29																		
30																		
DEC.1																		
2																		
SAT.3																		
5																		
6																		
7																		
8																		

12月14日,美国钢铁和伯利恒钢铁的价格均记录在自然反弹栏,请参见规则说明6(d)。

12月28日,伯利恒钢铁的价格用黑墨水记录在上升趋势栏,因为这个价格高于该栏内记录的最后价格。

1月4日,根据利维摩尔方法,市场的下一轮趋势正被揭示出来,请参见规则说明10(a)和10(b)。

1月12日,美国钢铁和伯利恒钢铁的价格均记录在次级回调栏内,请参见规则说明6(h)。

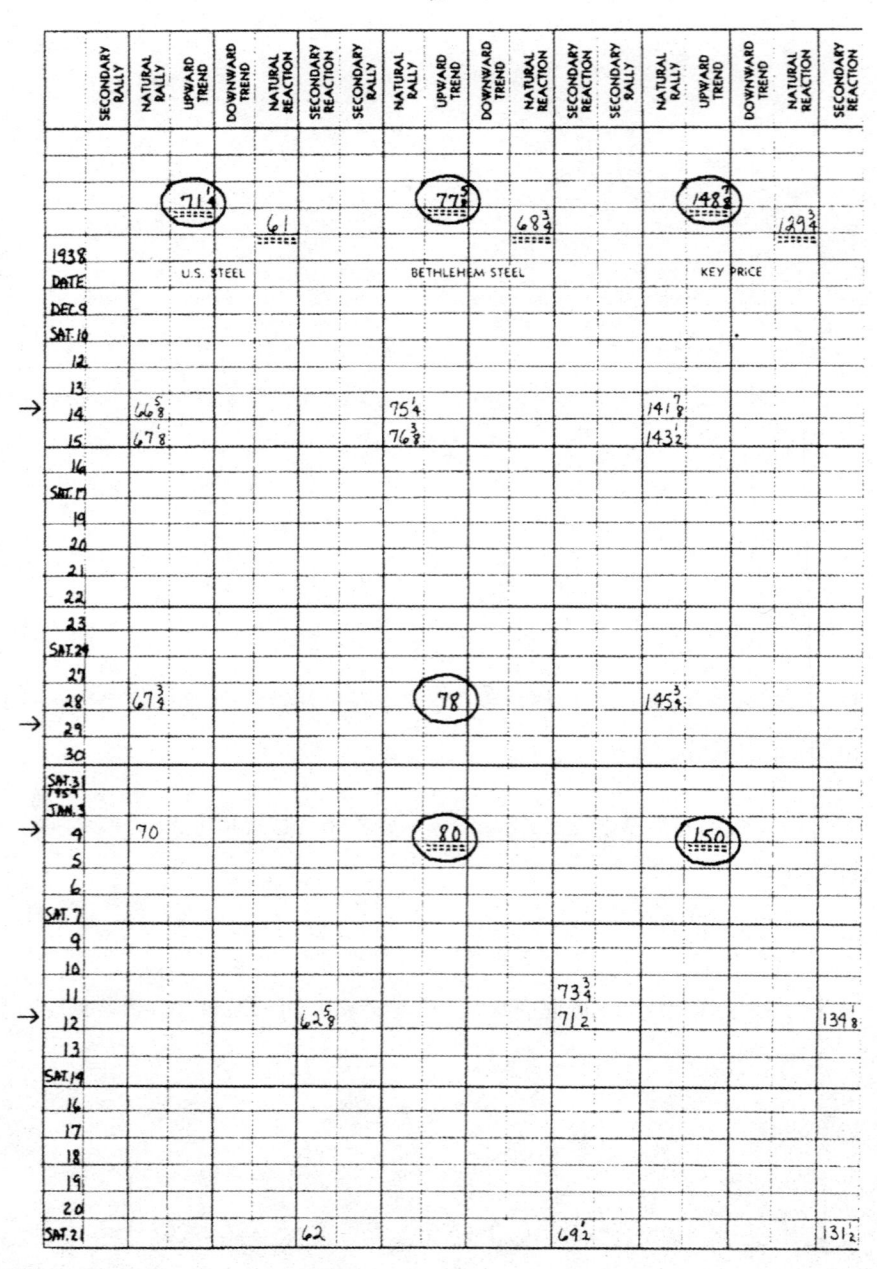

表 7

	SECONDARY RALLY	NATURAL RALLY	UPWARD TREND	DOWNWARD TREND	NATURAL REACTION	SECONDARY REACTION	SECONDARY RALLY	NATURAL RALLY	UPWARD TREND	DOWNWARD TREND	NATURAL REACTION	SECONDARY REACTION	SECONDARY RALLY	NATURAL RALLY	UPWARD TREND	DOWNWARD TREND	NATURAL REACTION	SECONDARY REACTION
			ⓘ71$\frac{1}{4}$		61				ⓘ77$\frac{5}{8}$		68$\frac{3}{4}$				ⓘ148$\frac{3}{4}$		129$\frac{3}{4}$	
1938 DATE		U.S. STEEL						BETHLEHEM STEEL						KEY PRICE				
DEC 9																		
SAT.10																		
12																		
13																		
→14		66$\frac{5}{8}$						75$\frac{1}{4}$						141$\frac{7}{8}$				
15		67$\frac{7}{8}$						76$\frac{3}{8}$						143$\frac{1}{2}$				
16																		
SAT.17																		
19																		
20																		
21																		
22																		
23																		
SAT.24																		
27																		
28		67$\frac{3}{4}$						ⓘ78						145$\frac{3}{4}$				
→29																		
30																		
SAT.31	74$\frac{1}{4}$																	
JAN.3																		
→4		70						ⓘ80						ⓘ150				
5																		
6																		
SAT.7																		
9																		
10																		
11													73$\frac{3}{4}$					
→12					62$\frac{5}{8}$						71$\frac{1}{2}$						139$\frac{5}{8}$	
13																		
SAT.14																		
16																		
17																		
18																		
19																		
20																		
SAT.21					62						69$\frac{1}{2}$						131$\frac{1}{2}$	

1月23日,美国钢铁和伯利恒钢铁的价格均记录在下降趋势栏,请参见规则说明5(b)。

1月31日,美国钢铁和伯利恒钢铁的价格记录在自然反弹栏内,请参见规则说明6(c)和4(c)。

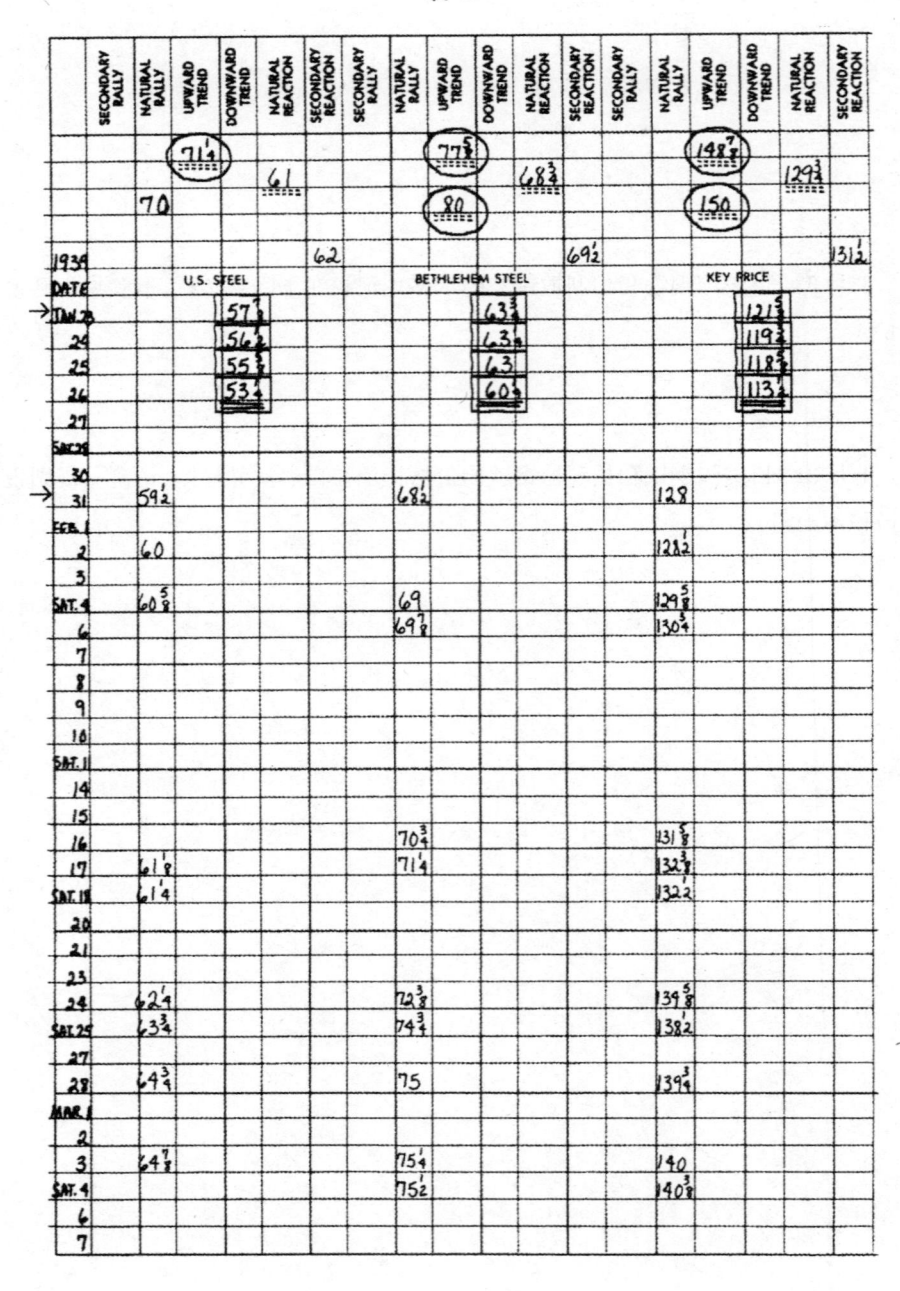

表 8

3月16日,美国钢铁和伯利恒钢铁的价格均记录在自然回调栏,请参见规则说明6(b)。

3月30日,美国钢铁的价格记录在下降趋势栏,因为该价格低于下降趋势栏内先前记录的最后价格。

3月31日,伯利恒钢铁的价格记录在下降趋势栏,因为该价格低于下降趋势栏内先前记录的最后价格。

4月15日,美国钢铁和伯利恒钢铁的价格均记录在自然反弹栏,请参见规则说明6(c)。

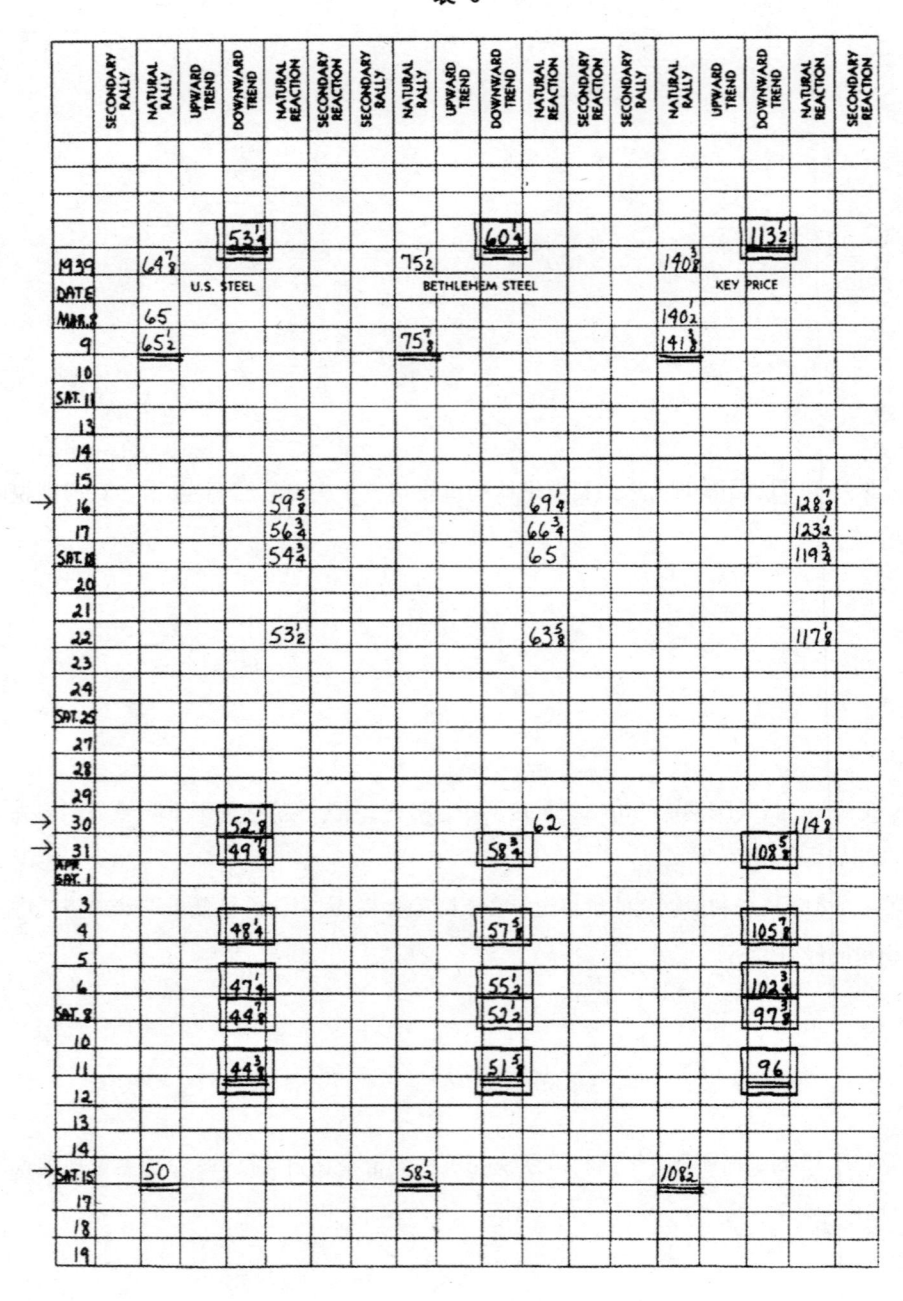

表 9

Date 1939	U.S. STEEL Secondary Rally	Natural Rally	Upward Trend	Downward Trend	Natural Reaction	Secondary Reaction	BETHLEHEM STEEL Secondary Rally	Natural Rally	Upward Trend	Downward Trend	Natural Reaction	Secondary Reaction	KEY PRICE Secondary Rally	Natural Rally	Upward Trend	Downward Trend	Natural Reaction	Secondary Reaction
		$64\frac{7}{8}$		$53\frac{1}{4}$				$75\frac{1}{2}$		$60\frac{1}{4}$				$140\frac{3}{8}$		$113\frac{1}{2}$		
Mar. 8	65															$140\frac{1}{2}$		
9	$65\frac{1}{2}$						$75\frac{7}{8}$									$141\frac{3}{8}$		
10																		
Sat. 11																		
13																		
14																		
15																		
→16					$59\frac{5}{8}$						$69\frac{1}{4}$						$128\frac{7}{8}$	
17					$56\frac{3}{4}$						$66\frac{3}{4}$						$123\frac{1}{2}$	
Sat. 18					$54\frac{3}{4}$						65						$119\frac{3}{4}$	
20																		
21																		
22					$53\frac{1}{2}$						$63\frac{5}{8}$						$117\frac{1}{8}$	
23																		
24																		
Sat. 25																		
27																		
28																		
29																		
→30				$52\frac{1}{8}$						62						$114\frac{1}{8}$		
→31				$49\frac{7}{8}$						$58\frac{3}{4}$						$108\frac{5}{8}$		
Apr. Sat. 1																		
3																		
4				$48\frac{1}{4}$						$57\frac{7}{8}$						$105\frac{7}{8}$		
5																		
6				$47\frac{1}{4}$						$55\frac{1}{2}$						$102\frac{3}{4}$		
Sat. 8				$44\frac{7}{8}$						$52\frac{1}{2}$						$97\frac{3}{8}$		
10																		
11				$44\frac{3}{4}$						$51\frac{5}{8}$						96		
12																		
13																		
14																		
→Sat. 15	50						$58\frac{1}{2}$						$108\frac{1}{2}$					
17																		
18																		
19																		

5月17日,美国钢铁和伯利恒钢铁的价格均记录在自然回调栏,后一天,5月18日,美国钢铁的价格记录在下降趋势栏,请参见规则说明6(d)。再后一天,5月19日,伯利恒钢铁下降趋势栏内的数字下方画了一条红线,表示其最新价格和下降趋势栏内最后记录的价格相同。

5月25日,美国钢铁和伯利恒钢铁的价格均记录在次级反弹栏。请参见规则说明6(c)。

表 10

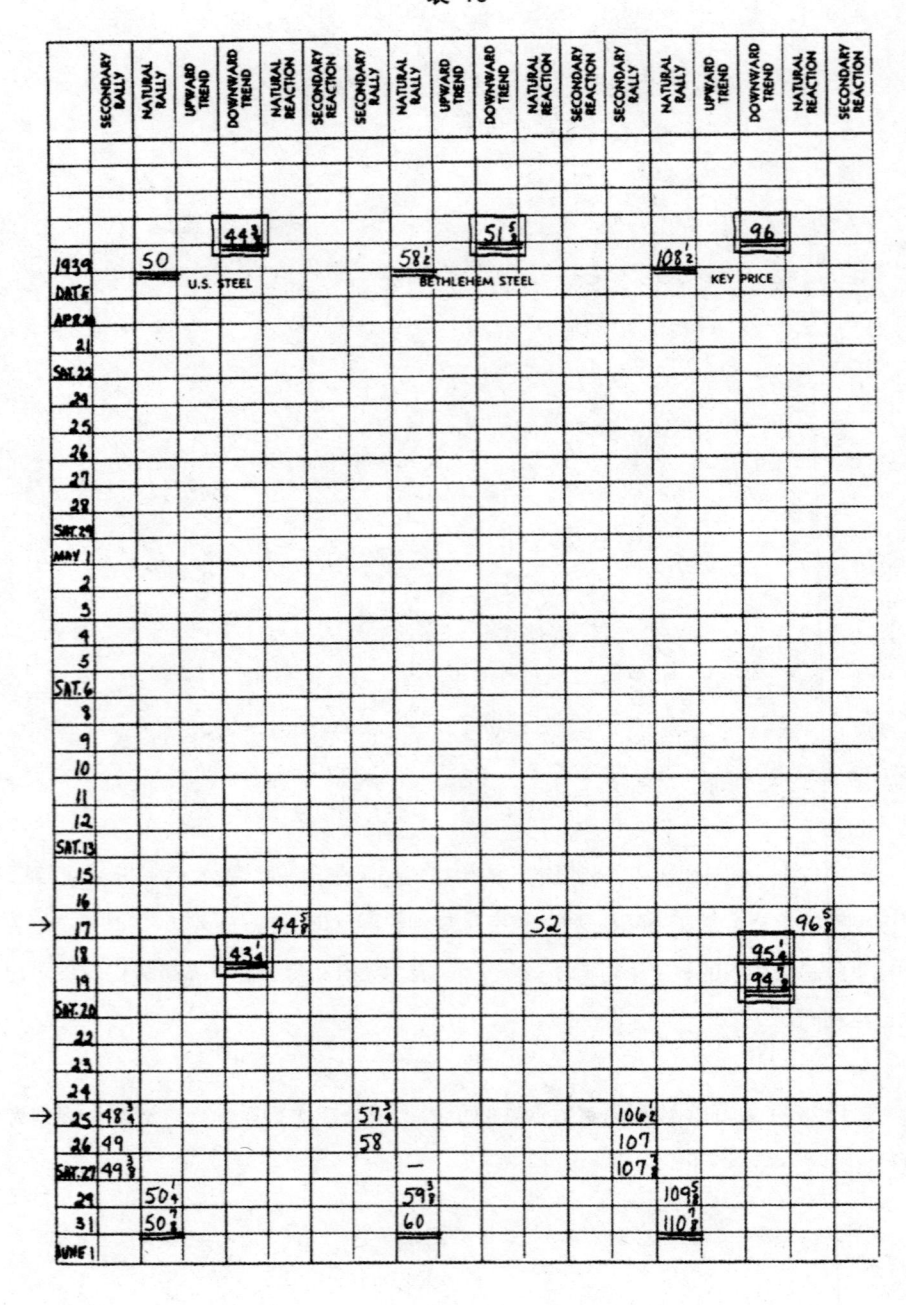

	SECONDARY RALLY	NATURAL RALLY	UPWARD TREND	DOWNWARD TREND	NATURAL REACTION	SECONDARY REACTION	SECONDARY RALLY	NATURAL RALLY	UPWARD TREND	DOWNWARD TREND	NATURAL REACTION	SECONDARY REACTION	SECONDARY RALLY	NATURAL RALLY	UPWARD TREND	DOWNWARD TREND	NATURAL REACTION	SECONDARY REACTION
				44 3/4						51 5/8						96		
1939		50						58 1/2						108 1/2				
DATE			U.S. STEEL						BETHLEHEM STEEL						KEY PRICE			
APR 20																		
21																		
SAT. 22																		
24																		
25																		
26																		
27																		
28																		
SAT. 29																		
MAY 1																		
2																		
3																		
4																		
5																		
SAT. 6																		
8																		
9																		
10																		
11																		
12																		
SAT. 13																		
15																		
16																		
→ 17					44 5/8						52						96 5/8	
18				43 1/4												95 1/4		
19																94 7/8		
SAT. 20																		
22																		
23																		
24																		
→ 25	48 3/4						57 3/4						106 1/2					
26	49						58						107					
SAT. 27	49 3/8							—					107 7/8					
29		50 1/4						59 3/8						109 5/8				
31		50 7/8						60						110 7/8				
JUNE 1																		

6月16日,伯利恒钢铁的价格记录在自然回调栏,请参见规则说明6(b)。

6月28日,美国钢铁的价格记录在自然回调栏,请参见规则说明6(b)。

6月29日,伯利恒钢铁的价格记录在下降趋势栏,因为该最新价低于下降趋势栏内最后记录的价格。

7月13日美国钢铁和伯利恒钢铁的价格均记录在次级反弹栏,请参见规则说明6(c)。

表 11

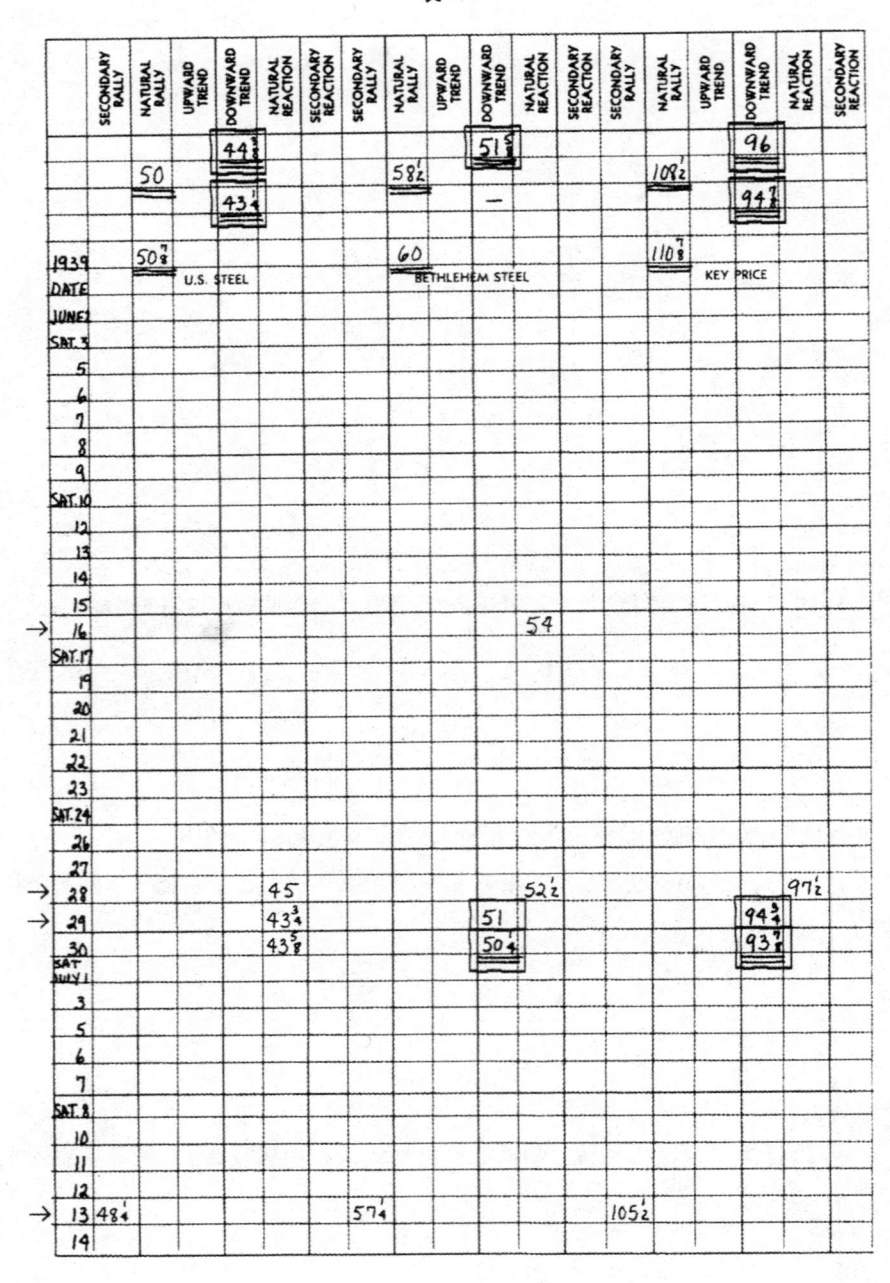

	SECONDARY RALLY	NATURAL RALLY	UPWARD TREND	DOWNWARD TREND	NATURAL REACTION	SECONDARY REACTION	SECONDARY RALLY	NATURAL RALLY	UPWARD TREND	DOWNWARD TREND	NATURAL REACTION	SECONDARY REACTION	SECONDARY RALLY	NATURAL RALLY	UPWARD TREND	DOWNWARD TREND	NATURAL REACTION	SECONDARY REACTION
				44 3/8						51 5/8						96		
		50						58 1/2						108 1/2				
				43 1/4						—						94 7/8		
1939		50 7/8						60						110 7/8				
DATE			U.S. STEEL							BETHLEHEM STEEL					KEY PRICE			
JUNE 2																		
SAT. 3																		
5																		
6																		
7																		
8																		
9																		
SAT. 10																		
12																		
13																		
14																		
15																		
→ 16											54							
SAT. 17																		
19																		
20																		
21																		
22																		
23																		
SAT. 24																		
26																		
27																		
→ 28					45						52 1/2						97 1/2	
→ 29					43 3/4					51						94 3/4		
30					43 5/8					50 1/4						93 7/8		
SAT JULY 1																		
3																		
5																		
6																		
7																		
SAT. 8																		
10																		
11																		
12																		
→ 13	48 1/4						57 1/4						105 1/2					
14																		

7月21日,伯利恒钢铁的价格记录在上升趋势栏,第二天,7月22日,美国钢铁的价格记录在上升趋势栏,请参见规则说明5(a)。

8月4日,美国钢铁和伯利恒钢铁的价格记录在自然回调栏,请参见规则说明4(a)。

8月23日,美国钢铁的价格记录在下降趋势栏,因为该最新价格低于下降趋势栏内先前记录的最后价格。

表 12

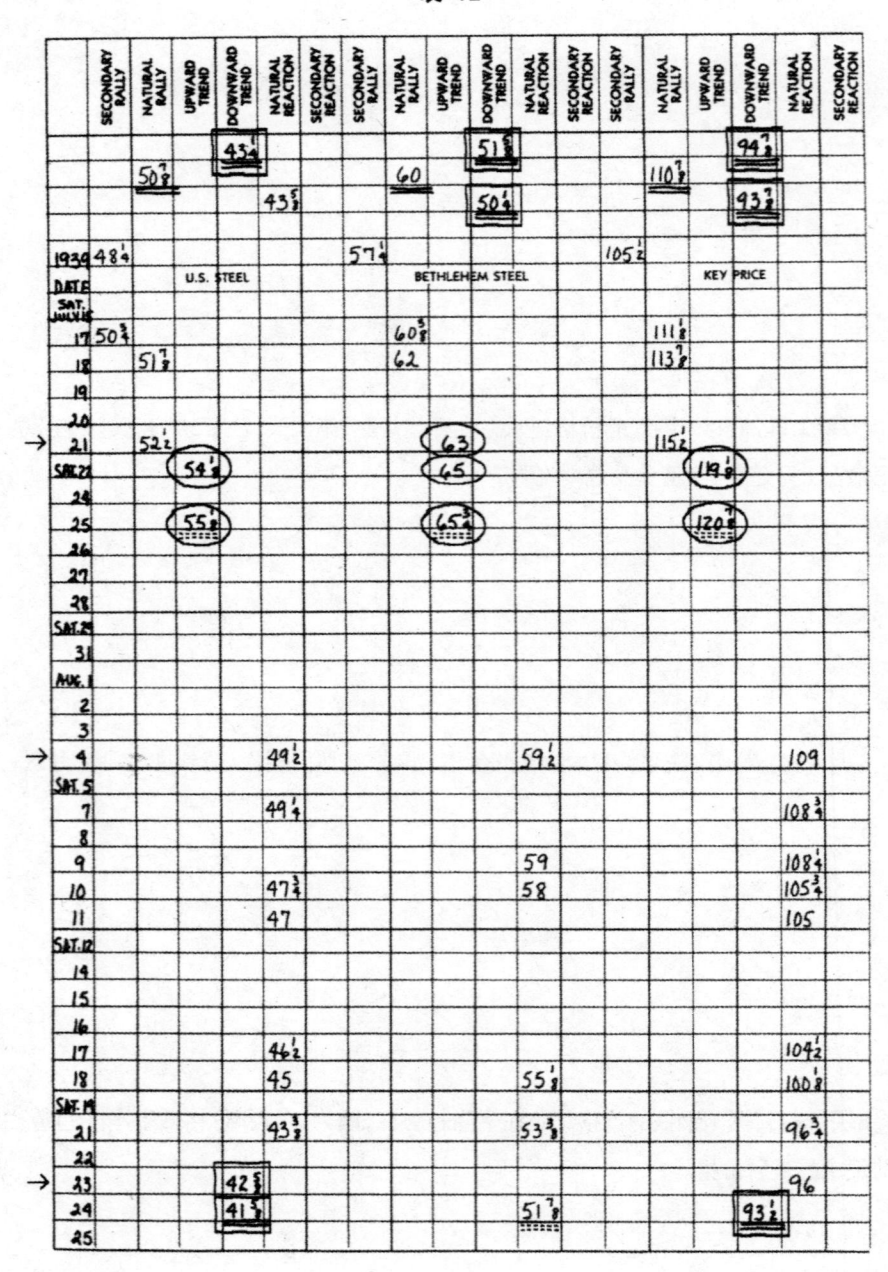

	SECONDARY RALLY	NATURAL RALLY	UPWARD TREND	DOWNWARD TREND	NATURAL REACTION	SECONDARY REACTION	SECONDARY RALLY	NATURAL RALLY	UPWARD TREND	DOWNWARD TREND	NATURAL REACTION	SECONDARY REACTION	SECONDARY RALLY	NATURAL RALLY	UPWARD TREND	DOWNWARD TREND	NATURAL REACTION	SECONDARY REACTION
				43¼						51⅝						94⅞		
		50⅞						60						110⅞				
					43⅝					50¼						93⅞		
1939	48¼						57¼						105½					
DATE			U.S. STEEL						BETHLEHEM STEEL						KEY PRICE			
SAT. JULY 15																		
17	50¾							60⅜						111⅛				
18		51⅞						62						113⅞				
19																		
20																		
→ 21		52½							63					115½				
SAT. 22			54⅛						65						119⅛			
24																		
25			55⅛						65¾						120⅞			
26																		
27																		
28																		
SAT. 29																		
31																		
AUG. 1																		
2																		
3																		
→ 4					49½						59½						109	
SAT. 5																		
7					49¼												108¾	
8																		
9											59						108¼	
10					47¾						58						105¾	
11					47												105	
SAT. 12																		
14																		
15																		
16																		
17					46½												104½	
18					45						55⅛						100⅛	
SAT. 19																		
21					43⅜						53⅜						96¾	
22																		
→ 23				42⅝													96	
24				41⅝							51⅞					93½		
25																		

8月29日,美国钢铁和伯利恒钢铁的价格均记录在自然反弹栏,请参见规则说明6(d)。

9月2日,美国钢铁和伯利恒钢铁的价格均记录在上升趋势栏,因为它们的最新价格均高于上升趋势栏内先前记录的最后价格。

9月14日,美国钢铁和伯利恒钢铁的价格均记录在自然回撤栏,请参见规则说明6(a)和4(a)。

9月19日,美国钢铁和伯利恒钢铁的价格均记录在自然反弹栏,请参见规则说明6(d)和4(b)。

9月28日,美国钢铁和伯利恒钢铁的价格均记录在次级回调栏,请参见规则说明6(h)。

10月6日,美国钢铁和伯利恒钢铁的价格均记录在次级反弹栏,请参见规则说明6(g)。

表 13

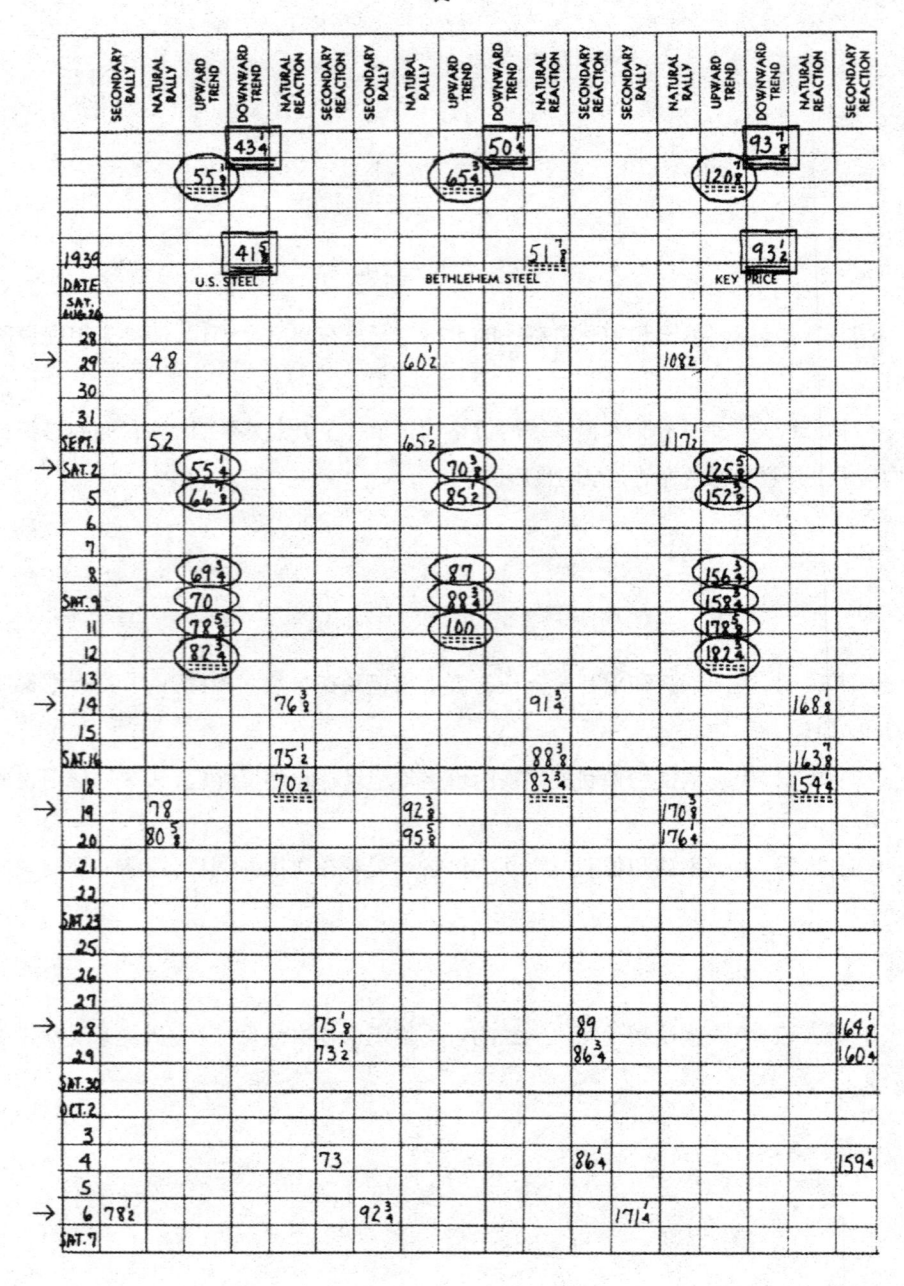

11月3日,美国钢铁的价格记录在次级回调栏,因为该最新价格低于该栏内先前记录的最后价格。

11月9日,美国钢铁的自然回调栏内填入了一个破折号,因为该最新价格和自然回调栏内先前记录的最后价格相同。同一天,伯利恒钢铁的价格记录在自然回调栏,因为该最新价格低于该栏内先前记录的最后价格。

表 14

	SECONDARY RALLY	NATURAL RALLY	UPWARD TREND	DOWNWARD TREND	NATURAL REACTION	SECONDARY REACTION	SECONDARY RALLY	NATURAL RALLY	UPWARD TREND	DOWNWARD TREND	NATURAL REACTION	SECONDARY REACTION	SECONDARY RALLY	NATURAL RALLY	UPWARD TREND	DOWNWARD TREND	NATURAL REACTION	SECONDARY REACTION
			82 3/4						100						182 3/4			
					70 1/2						83 3/4						154 1/4	
		80 5/8						95 5/8						176 1/4				
						73						86 1/4						159 1/4
1939	78 1/2						92 3/4						171 1/4					
DATE			U.S. STEEL						BETHLEHEM STEEL						KEY PRICE			
OCT. 9																		
10																		
11																		
13																		
SAT. 14																		
16																		
17	78 7/8						93 7/8						172 3/4					
18	79 1/4												173 1/2					
19																		
20																		
SAT. 21																		
23																		
24																		
25																		
26																		
27																		
SAT. 28																		
30																		
31																		
NOV. 1																		
2																		
→ 3						72 1/2												
SAT. 4																		
6																		
8						72 1/8						86 1/8						158 1/4
→ 9					—						83 1/4						153 3/4	
10					68 3/4						81 3/4						150 1/2	
13																		
14																		
15																		
16																		
17																		
SAT. 18																		
20																		
21																		
22																		

第十一章 利维摩尔市场要诀

11月24日,美国钢铁的价格记录在下降趋势栏,请参见规则说明6(e)。次日,即11月25日,伯利恒钢铁的价格记录在下降趋势栏,请参见规则说明6(e)。

12月7日,美国钢铁和伯利恒钢铁的价格均记录在自然反弹栏,请参见规则说明6(c)。

表 15

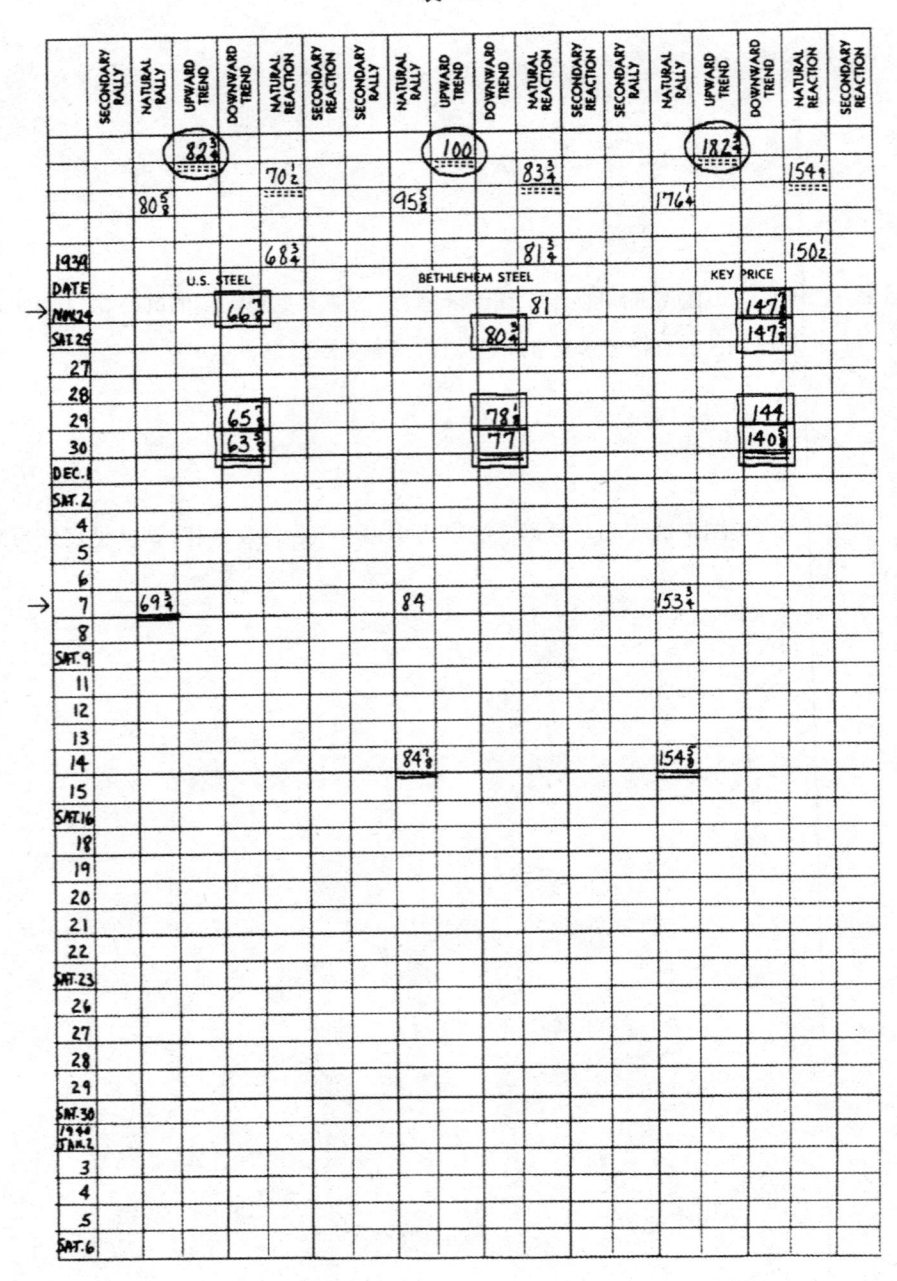

1月9日,美国钢铁和伯利恒钢铁的价格均记录在自然回调栏,请参见规则说明6(b)。

1月11日,美国钢铁和伯利恒钢铁的价格均记录在下降趋势栏,因为它们的最新价格均低于下降趋势栏内先前记录的最后价格。

2月7日,伯利恒钢铁的价格记录在自然反弹栏,这是第一次该股票上冲的幅度达到了要求的6点。次日,美国钢铁、伯利恒钢铁和凯伊普莱斯(Key Price)的最新价格均记录在自然反弹栏,后者上冲的幅度已经达可用于记录的要求。

表 16

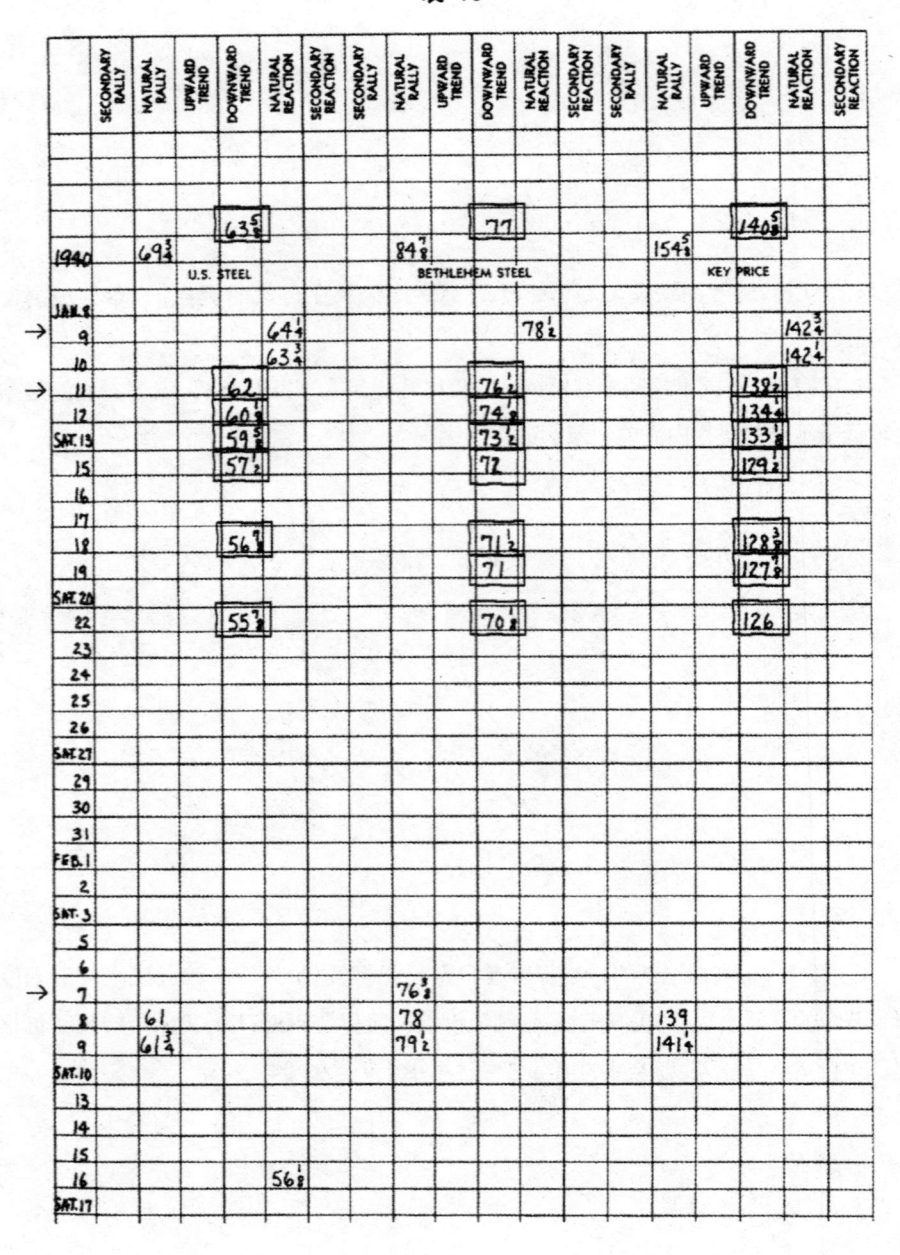

	SECONDARY RALLY	NATURAL RALLY	UPWARD TREND	DOWNWARD TREND	NATURAL REACTION	SECONDARY REACTION	SECONDARY RALLY	NATURAL RALLY	UPWARD TREND	DOWNWARD TREND	NATURAL REACTION	SECONDARY REACTION	SECONDARY RALLY	NATURAL RALLY	UPWARD TREND	DOWNWARD TREND	NATURAL REACTION	SECONDARY REACTION
1940		$69\tfrac{3}{4}$		$63\tfrac{5}{8}$					$84\tfrac{7}{8}$	77					$154\tfrac{5}{8}$	$140\tfrac{5}{8}$		
		U.S. STEEL							BETHLEHEM STEEL						KEY PRICE			
JAN.8																		
→9				$64\tfrac{1}{4}$						$78\tfrac{1}{2}$						$142\tfrac{3}{4}$		
10				$63\tfrac{3}{4}$												$142\tfrac{1}{4}$		
→11					62						$76\tfrac{1}{2}$						$138\tfrac{1}{2}$	
12					$60\tfrac{1}{8}$						$74\tfrac{1}{2}$						$134\tfrac{1}{4}$	
SAT.13					$59\tfrac{5}{8}$						$73\tfrac{1}{2}$						$133\tfrac{1}{8}$	
15					$57\tfrac{1}{2}$						72						$129\tfrac{1}{2}$	
16																		
17																		
18					$56\tfrac{7}{8}$						$71\tfrac{1}{2}$						$128\tfrac{3}{8}$	
19											71						$127\tfrac{7}{8}$	
SAT.20																		
22					$55\tfrac{7}{8}$						$70\tfrac{1}{2}$						126	
23																		
24																		
25																		
26																		
SAT.27																		
29																		
30																		
31																		
FEB.1																		
2																		
SAT.3																		
5																		
6																		
→7										$76\tfrac{3}{4}$								
8		61								78					139			
9		$61\tfrac{3}{4}$								$79\tfrac{1}{2}$					$141\tfrac{1}{4}$			
SAT.10																		
13																		
14																		
15																		
16										$56\tfrac{1}{8}$								
SAT.17																		

致 谢

我要感谢我的朋友丹尼斯·克仑雅克(Dennis Kranyak),他为本书做了大量的前期准备工作,本书的所有图表均由他手绘,另外他还首次整理了利维摩尔的所有名言(见第九章)。

对于利维摩尔的研究,丹尼斯已经和我共事 5 年有余,其间我们共同研究利维摩尔的交易方法、技巧和秘诀。他的加入使整个工作更加有趣,他的沉着和敏锐常常令我叹服。

谢谢你,丹尼斯。

理查德·斯密腾